Der ultimative AKTIEN FÜR EINSTEIGER Investment Guide

In wenigen Schritten zum Profi an der Börse

Wie Sie in Aktien & ETFs clever investieren und mit wenig Kapital enorme Gewinne erzielen können

INHALT

Lasset die Spiele beginnen...

In der heutigen Zeit rückt der Umgang mit den eigenen Finanzen immer weiter in den Mittelpunkt und ihm wird eine stets größer werdende Bedeutung zugesprochen. Das Geschehen auf der Welt wird von der Corona-Pandemie geprägt. Viele Menschen verlieren ihren sichergeglaubten Job und sind plötzlich auf die Hilfe des Staates angewiesen.

Generell steigt das Bedürfnis nach mehr Sicherheiten in Bezug auf die eigenen finanziellen Möglichkeiten und vor allem auf Absicherungen. Denn wir haben nun alle miterlebt, wie das Geschehen auf dieser Welt sich verändern kann, und das innerhalb eines nur kurzen Zeitraumes. Allgemein ist den meisten Menschen bereits seit längerem bekannt, dass sie sich sehr wahrscheinlich in der Zukunft und speziell im Alter nicht mehr ausschließlich auf die staatliche Rente verlassen können.

Logischerweise tritt diesem steigenden Bedürfnis bei immer mehr Menschen in den Mittelpunkt, denn wer möchte im Alter schon an Armut leiden oder allgemein bei einer globalen oder auch nationalen Krise am Existenzminimum leben? Es ist nachvollziehbar, dass die heutigen Generationen und die Mehrheit der Bevölkerung verstehen, dass sie selbst für ihre finanzielle Versorgung sorgen müssen und das auch im Rentenalter. Wer möchte denn schon jeden Cent zweimal umdrehen? Man will sich ja auch mal etwas gönnen und dazu braucht man nun einmal Geld auf der hohen Kante.

Doch wie soll dies als Normalverdiener gelingen? Oft reicht das verdiente Geld bei vielen ausschließlich dafür, die Fixkosten zu decken und, wenn überhaupt, nur einen minimalen Betrag für größere anstehende Kosten zurückzulegen. Wie soll man gleichzeitig für die eigene Rentenvorsorge aufkommen können? Das Geld wie früher schlicht in ein Sparbuch einzahlen, das ist in Zeiten von der „Nullzinspolitik“ und einer gleichzeitigen hohen „Inflation“ kaum noch rentabel bzw. es erwirtschaftet keine „Rendite“.

Ihnen sagen diese Begriffe nichts? Keine Sorge, denn genau darum dreht sich dieses Buch, danach werden Sie einen Einblick in die Welt der Finanzen und vor allem der Aktien erhalten haben und ihren Weg zum eigenen Vermögensaufbau beginnen oder fortsetzen können.

DIE BÖRSE IM AUFSCHWUNG

Während der Corona-Krise befindet sich die Börse im Aufschwung. Die Zahl der Aktionäre in Deutschland steigt aktuell rapide in die Höhe.

Während im Jahr 2018 nur noch ca. 4,16 Millionen Menschen in Deutschland aktiv an der Börse handelten, so waren es im Jahr 2020 bereits über 5,34 Millionen Anleger, die Tendenz ist weiter steigend und die Börse befindet sich im Wandel (https://de.statista.com/statistik/daten/studie/75227/umfrage/zahl-der-direkten-aktionaere-in-deutschland/).

Grundsätzlich steigt das Bedürfnis nach mehr Sicherheit gerade durch die Pandemie begründet. Um dieses Gefühl zu stärken, schließt sich auch die allgemeine Unbekümmertheit rund um die finanzielle Absicherung ein. Hierzu müssen die Menschen vorsorgen, denn es ist kein Geheimnis, dass es in der Zukunft wohl eher nicht so rosig rund um die Rentenzahlungen aussieht.

Die Finanzwelt dreht sich aktuell um verschiedenste einflussreiche Faktoren. Diese haben verschiedene Ursprünge und sind generell von massivem Einfluss für unser tägliches Leben.

DIE NULLZINSPOLITIK

Sie wurden bereits konfrontiert mit dem Begriff der Nullzinspolitik, ein zugegeben sehr kompliziertes Vorgehen. Deshalb versuchen wir es in diesem Rahmen, etwas vereinfacht darzustellen. Allgemein ist die europäische Zentralbank für die Nullzinspolitik verantwortlich. Heruntergebrochen bedeutet es, dass die Leitzinsen auf ein Niveau von Null gesenkt werden.

Doch was sind denn nun die Leitzinsen schon wieder? Indem diese auf einem niedrigen Niveau gehalten werden, ist es Privatpersonen möglich, Kredite sehr günstig zu erhalten bzw. zu einem sehr niedrigen zurück zu zahlenden Rückzahlungsbetrag. Einfach gesagt wird die Wirtschaft angefeuert und gestärkt. Denn die Barrieren, sich einen Kredit zu holen, um eine größere Investition zu tätigen, sinkt und somit ist mehr Geld im Umlauf, was sich positiv auf die gesamte Wirtschaft auswirkt.

Letztlich profitieren jedoch nicht nur wir Privatpersonen von dem geldpolitischen Instrument der Notenbanken, sondern vor allem die Unternehmen. Denn wenn diese größere Umsätze machen, steigen die Ressourcen, um zu expandieren, sprich das Unternehmen weiterzubringen, zum Beispiel, indem durch eine hohe Auftragslage langfristig in größere und effizientere Maschinen investiert werden kann, wodurch es möglich ist, an weitere und gewinnbringendere Aufträge zu gelangen. Schon verstrickt das alles – merken Sie sich, dass durch die Nullzinspolitik mehr Geld im Umlauf ist und somit Unternehmen und Privatpersonen leichter größere Anschaffungen bewältigen können.

Ein häufiges Beispiel, in welchem die günstigen Kredite bemerkbar sind, ist der Kauf eines Autos. Wenn Sie zum Beispiel 3.000 € zur Verfügung haben und ihr neues Wunschauto 15.000 € kostet, so können Sie sich einen günstigen Kredit holen. Die Bank gibt ihnen zu einem sehr niedrigen Zinssatz bzw. Tilgungssatz das Geld, sie kaufen das Auto und sind zufrieden. Gleichzeitig profitiert die Bank mit dem Kredit, das Autohaus und letztlich auch Sie. Der Tilgungssatz beschreibt das Geld, welches über ihre geliehenen 12.000 € hinaus geht, sozusagen das, was die Bank für das Verleihen des Geldes erhält (https://www.moneyland.ch/de/nullzinspolitik-definition). Aber die Nullzinspolitik hat wie so vieles auch eine andere Seite der Münze. Denn durch das Senken der Leitzinsen entsteht häufig ein Abschwung in der Konjunktion und es geht somit mit einer Rezession einher.

REZESSION

In einer Rezession entsteht ein Abschwung der Wirtschaft, also eine Phase, in der das Wachstum der Wirtschaft ins Negative übergeht. Ein Gradmesser hierfür ist das Bruttoinlandsprodukt, dieses „misst die Produktion von Waren und Dienstleistungen im Inland nach Abzug aller Vorleistungen.

Es ist in erster Linie ein Produktionsmaß. Das Bruttoinlandsprodukt errechnet sich als Summe der Bruttowertschöpfung aller Wirtschaftsbereiche zuzüglich des Saldos von Gütersteuern und Gütersubventionen“ (https://wirtschaftslexikon.gabler.de/definition/bruttoinlandsprodukt-bip-27867). Letztlich ist aus technischer Sicht von einer Rezession die Rede, wenn in zwei aufeinanderfolgenden Quartalen das Bruttoinlandprodukt eines Landes stagniert bzw. sinkt, im Vergleich zu den vorherigen Bruttoinlandprodukten (https://www.ginmon.de/wiki/rezession/).

DIE INFLATION

Sie wurden im ersten Verlauf bereits mehrfach mit dem Thema der Inflation konfrontiert. Generell spricht man von einer solchen, wenn „eine Geldentwertung durch Preiserhöhungen stattfindet, man erhält für dieselbe Geldeinheit weniger Waren als bisher." (https://debitoor.de/lexikon/inflation).

Vor der Inflation kann sich letztlich niemand schützen, allerdings spüren gerade Menschen mit einem eher niedrigeren Vermögen die Auswirkungen massiv. Wenn Sie früh morgens auf dem Weg zum Bäcker sind und früher noch für einen Kaffee 1 € zahlten, hat sich der Preis hierfür stets gesteigert über mehrere Jahre hinweg.

Diese Preissteigerung findet jedes Jahr statt und wird von der europäischen Zentralbank gesteuert. Diese hat sich zum Ziel genommen, dass sich die Inflationsrate unter bzw. zumindest nahe der 2 %-Marke pro Jahr hält. Merken Sie sich, dass die Inflation jedes Jahr den Wert des Geldes ein klein wenig reduziert. Das heißt im Umkehrschluss aber auch, dass, wenn Sie Ihr Geld auf einem Sparbuch, Tagesgeld oder sonstigen Girokonto halten, auf welchem Sie keine Zinsen erhalten, sich der Wert Ihres Vermögens stets reduziert.

DIE BEDEUTUNG DES GELDES

Die Bedeutung des Geldes ist nicht zu übersehen und das, obwohl es ja letztlich nur Papier ist, welches von Menschen geschaffen und mit einem Wert bestückt wurde. Grundsätzlich ist Geld ein vom Menschen geschaffenes Instrument, welches sich auf jeden einzelnen Menschen täglich auswirkt. Allgemein hat Geld zum Teil wirklich schwerwiegende Auswirkungen, für Geld werden täglich Menschen getötet, Kriege geführt, Königreiche gestürzt, Ehen geschlossen, ... letztlich entscheidet es wohl mehr, als man sich selbst eingestehen möchte.

Es spielt beinahe überall eine entscheidende Rolle, von Wohnort bis zur Ernährung, Geld kann sehr viel verändern. Fakt ist, dass es gemäß dem Robert-Koch-Institut eine Korrespondenz zwischen dem Nettoeinkommen und einem erhöhten Risiko, vor dem 65. Lebensjahr zu sterben, gibt. Unter diese Gruppe fallen diejenigen, welche weniger als 60 % Prozent des mittleren Nettoeinkommens in Deutschland verdienen. Gründe hierfür gibt es viele, zum einen ist es auffällig, dass gerade Menschen mit einem niedrigeren Einkommen häufig Berufe ausüben, welche mit einer hohen körperlichen Beanspruchung einhergehen.

Zudem gibt es in der Folge einer finanziellen Armut weitere Auswirkungen, wie zum Beispiel psychische Belastungen, ein allgemein riskanteres Verhalten in Bezug auf die eigene Gesundheit, wie beispielsweise ein hoher Alkoholkonsum, eine allgemein ungesunde Ernährung, Tabakabhängigkeit und vieles mehr. Des Weiteren hat Geld starke Auswirkungen auf unsere gesellschaftlichen Zusammenhänge. Denn zumeist ordnet sich die Gesellschaft an vielen Orten auch bezüglich des Einkommens und allgemein der finanziellen Schicht, welcher man angehört.

Dies wiederum hat einige weitere Konsequenzen zur Folge. Sie merken, es ist etwas komplizierter mit dem Geld und diese Beispiele lassen sich beinahe endlos weiterführen. Vom Zugang zur Bildung bis hin zur ärztlichen Versorgung, vieles entscheidet sich über den finanziellen Status.

DER WANDEL DER FINANZBRANCHE

Allgemein befindet sich die gesamte Finanzbranche sowie die Börse im Wandel. Dieser Prozess weg vom anzugtragenden Finanzberater hin zur Mitte der Gesellschaft wurde nochmals befeuert durch die Covid-Pandemie. Während es früher nur für wahre Experten der Finanzbranche einen Zugang zu den begrenzten Börsenplätzen gab, so wird dieser Zugang für die breite gesellschaftliche Masse frei.

Generell können wir als Privatpersonen so leicht wie nie zuvor am freien Markt teilnehmen. Die Entwicklung nahm ihren Lauf durch den Wandel der Digitalisierung aus dem frühen 21. Jahrhundert und macht es uns mittlerweile möglich, sozusagen vom Sofa aus an der Börse teilzuhaben. Während man früher persönlich zur Bank lief, um eine Überweisung zu tätigen, stets Bargeld zur Verfügung hatte und dieses bei der Bank, manchmal sogar noch gegen Gebühren, abheben musste, so ist dies heutzutage beinahe unvorstellbar.

Die meisten Menschen tätigen ihre Abwicklung bezüglich ihrer Finanzen im Internet. Man überweist und erhält binnen Sekunden per App; das Bargeld im Portemonnaie nimmt ab, da man sowieso fast überall mit der eigenen Karte oder sogar schon über das Smartphone zahlen kann. In der Gesellschaft ist dies längst akzeptiert und es wird stets weitergeführt, so ist es völlig normal, auf verschiedenen Online-Plattformen seine benötigten Sachen einzukaufen und die finanzielle Abwicklung im Internet abzuschließen.

Alles eben ganz bequem und heutzutage auch von den Sicherheitsregularien, der allgemeinen Kontrolle und dem Schutz für uns Verbraucher einfach und von Nutzen. Aber anzufügen ist, dass es auch hier eine Kehrseite der Medaille gibt, denn die Einzelhandelsgeschäfte leiden massiv unter dieser Veränderung. Überlegen Sie selbst doch einmal, wie viele Geschäfte es in kleineren Gemeinden, Dörfern oder auch Kleinstädten im Vergleich zu früheren Zeiten noch gibt. Fragen sie einfach einmal ihre Eltern nach „Tante Emma"-Läden von früher.

Der Wandel ist nicht von der Hand zu weisen, mit all seinen Vor-, aber auch Nachteilen. Der Trend setzt sich weiter fort, die Tendenz steigt. Denn während im Internet eine unfassbar breite Auswahl bequem vom Sofa aus einzusehen ist, so können mit dieser Bandbreite sowie der oft preislich günstigeren Konkurrenz heutzutage die einzelnen Handelsgeschäfte nicht mehr mithalten.

Die Entwicklung des Einflusses des Internets ist einerseits ein Schritt in die Richtung der Modernisierung, aber andererseits auch entgegen einem gesellschaftlichen Zusammenkommen in Städten und

Dörfern. Jedoch wird sich dies nicht mehr vollständig aufhalten lassen, zu groß sind die Vorteile der Unabhängigkeit und der Dezentralisierung.

DER WANDEL DER BÖRSE

In dieser Phase der Entwicklung, der Dezentralisierung, befindet sich auch die Börse. Denn durch das Internet ist es Privatanlegern möglich, an dieser teilzuhaben. Hierfür gibt es verschiedene Online-Broker, durch welche der bequeme Zugang von Zuhause möglich wird. Diese Plattformen gewinnen rasant an Zuwachs, werden in den letzten Jahren von verschiedenen Unternehmen massiv gefördert und treffen auf eine große Akzeptanz in der Gesellschaft.

Es ist eben nun jedem möglich, zu handeln, und die Börse ist nicht mehr ausschließlich zugänglich für Börsianer und sonstige Experten, welche einen Handelsplatz ergattert haben. So haben gemäß des Deutschen Aktieninstituts seit 2019 über 10 Millionen Menschen ihr Geld in Fonds, Aktien oder Wertpapiere am spekulativen Kapitalmarkt angelegt. Als dann die Corona-Pandemie im Jahr 2020 eintraf, kamen mit den damals massiv fallenden Kursen eine Vielzahl an jüngeren Menschen bzw. Anlegern an die Börse, welche die Chancen der günstigen Einstiegspreise für sich nutzen wollten, um das Ziel des eigenen Vermögensaufbaus voranzutreiben.

Dies liegt eben daran, dass die Online-Broker mittlerweile untereinander konkurrieren müssen, wodurch für den Anleger positive Effekte resultieren. Der Handel wird zugänglich für uns Privatanleger, die Gebühren hierfür sinken durch die hohe Konkurrenz stets günstigerer Konditionen unter den Brokern.

Generell werden jedoch nicht nur der Zugang und die Kosten für den Handel attraktiver für den kleinen Geldbeutel, sondern auch die Handhabung mit den Online-Brokern. So werden gerade neue Anleger oftmals gelockt mit Eröffnungs- und Werbeprämien für den Einstieg, wodurch die bestehenden Nutzer ein eigenes Interesse an der Vermittlung weiterer Kunden für den Broker haben, da sie sich eine Prämie erwünschen. Allgemein hat der herrschende Konkurrenzkampf aus früheren Zeiten für uns Privatanleger keine Auswirkungen mehr.

Während es früher darum ging, seinen eigenen Handelsplatz zu verteidigen und besser zu „performen" als sein Gegenüber, so ist dies heute nicht mehr gegeben, denn es geht nicht mehr darum, seinen Platz zu halten und besser zu agieren als andere. Dies macht sich vor allem an den Möglichkeiten bemerkbar, um an Informationen heranzukommen. Früher benötigten Aktionäre ein herausragendes Netz an Kontakten, um an wichtigen Informationen von Unternehmen und deren Entwicklung teilzuhaben. Heute stellen Experten ihre Meinungen in Interviews, Blogs, Videos und sonstigen Quellen im Internet zur Verfügung, sodass sozusagen jeder auf diese zugreifen darf.

Zumeist haben die Experten verschiedene eigene Social-Media-Kanäle, auf welchen sie ihre Kenntnisse und Informationen teilen und somit einem Anfänger eine wahre Expertise meist kostenlos zuteilwird. Es entsteht eine neue Börsengeneration, angetrieben von denen, welche mit der Digitalisierung und dem Internet aufgewachsen sind. Oft haben die Anleger eine höhere Bereitschaft, große Risiken bei ihren Anlagen einzugehen, und weisen allgemein eine hohe Affinität im Umgang mit dem Internet auf. Sie haben ein vielleicht sogar zu großes Vertrauen in die Sicherheit des Internets und keine Angst vor möglichem Betrug oder sonstigem.

Diese Gefahren haben sich aber auch wirklich massiv verändert und heutzutage sind deutlich höhere Sicherheitsregularien im Internet als früher. Hierfür gibt es verschiedene Tools und weitere Vorgehen, durch welche gerade den Privatanlegern diese Angst genommen werden kann. So bieten einige Plattformen eine Einlagesicherung, sodass im Fall der

Fälle von Datendiebstählen oder auch einer Pleite des Unternehmens das angelegte Geld nicht weg wäre. Das Risiko ist heute letztlich überschaubar und gerade jüngere Generationen sind absolut bereit, dieses einzugehen. Diese haben zudem dann das langfristige Interesse daran, die eigene Altersvorsorge eigenständig mit aufzubauen, weswegen sich immer mehr Menschen weg von den klassischen Anlagen bewegen und ihre Giro- oder Sparkonten schließen.

Der Weg geht an die Börse und an den dortigen Handel, von welchen sich höhere Gewinne erhofft werden. Diese sind möglich, vor allem durch Aktien, doch was sind Aktien eigentlich? Wie kam es zu diesen und wie kommen Sie an diese ran? Diese Fragen werden alle geklärt, keine Sorge. Zudem werden Sie am Ende dieses Buches ein kleines Wörterlexikon finden, welches es Ihnen möglich machen wird, schwierige Begriffe nachzulesen, meistens werden diese aber direkt erklärt. Sollten Sie auf etwas stoßen, was Sie nicht kennen und auch nicht im Lexikon am Ende finden, dann können Sie dies gerne eigenständig komplementieren.

GESCHICHTE DER BÖRSE

Generell ist eine Börse ein Markt, an welchem es möglich ist, etwas zu kaufen und zu verkaufen. Es ist ein Handelsplatz, an welchem Sie bestimmte Waren erhalten und veräußern können, ähnlich wie auf einem Wochenmarkt, an welchem Sie Fleisch, Obst und Gemüse oder sonstiges erhalten können.

An der Börse ist es jedoch so, dass sich die Preise der verfügbaren Artikel, an der jeweiligen Nachfrage und dem zur Verfügung stehenden Angebot orientieren. Wenn zum Beispiel ein Bäcker ein ganz besonderes Brot zum Verkauf hat und eine extrem hohe Nachfrage besteht, dann kann der Bäcker theoretisch den Preis für das Brot erhöhen, eben so lange, wie die Käufer bereits sind, das Brot auch für mehr Geld noch zu kaufen.

Im Gegensatz dazu müssen bei unbeliebten Artikeln die Preise gesenkt werden, bis die Käufer den Preis für das erhaltene Produkt wieder akzeptieren. Der entscheidende Unterschied zwischen der Börse und dem Wochenmarkt liegt darin, dass Sie nach dem Wochenmarkt mit Artikeln nach Hause kommen, welche Sie verzehren können, und an der Börse nicht. Dort erhalten Sie bei den meisten Investitionsmöglichkeiten keine realen Dinge oder sonstige Waren, sondern erhalten Rechte bzw. Anteile an einem Unternehmen. Diese erhalten Sie im Grunde in einer verbrieften Form. Die Waren, welche an der Börse angeboten werden, haben hierbei völlig verschiedene Preise. Diese werden wiederum ermittelt von speziell geschulten und vereidigten Kursmaklern.

Nun ein kleiner Blick in die Vergangenheit und die Geschichte bzw. die Entstehung der Börse. Es gibt die Annahme, dass die Börse ihren Namen aus der Verschmelzung des lateinischen Begriffes „Bursa“ mit dem Namen der kaufmännischen Familie „Van der Beurse“ im 16. Jahrhundert erhalten hat. Im Jahre 1409 entstand die erste Börse in Brügge. Dort etablierte sich eines der führenden Handelszentren in Europa, dort hat auch die Kaufmannsfamilie „Van der Beurse“ ihren Ursprung. Diese traf sich in Brügge damals des Öfteren mit überwiegend italienischen Kaufleuten und verhandelte verschiedene Abkommen bezüglich verschiedener Waren aus.

Die Kaufleute handelten damals jedoch nicht mit verbrieften Rechten oder Anteilen an Unternehmen, sondern vielmehr beschränkten sich ihre Geschäfte auf Wechselgeschäfte mit den damals üblichen Zahlungsmethoden bzw. -mitteln. Dabei gingen aus ihren Abmachungen, bei welchen von Menschen über Tiere bis hin zu sonstigen Besitztümern getauscht wurde, die ersten schriftlich festgehaltenen Geschäfte hervor. Diese festgehaltenen Zusagen bezüglich bestimmter Waren sind im weiteren Sinne die ersten „Wertpapiere", welche untereinander ausgetauscht wurden. Die Vorgänge entwickelten sich weiter und es entstanden weitere Börsen weltweit, wie zum Beispiel die Amsterdamer Börse im Jahr 1611. Diese brachte in der damaligen Zeit den ersten Crash an der Börse mit sich, die sogenannte „Tulpenmanie". Sie haben richtig gehört, es dreht sich um eine Blume. Die Tulpe wurde damals aus dem Mittleren Osten nach Holland gebracht, wo ihr ein großes Interesse gegenüberstand. Sie wurde zum Statussymbol, welches jeder in seinem Garten haben wollte.

Durch das Aufeinandertreffen einer solch massiven Nachfrage im Kontrast zur limitieren Anzahl entstand ein verrücktes Wettbieten unter den Interessierten. Eine riesige Blase entstand an der Börse, da die Menschen den Bezug zum ursprünglichen Wert einer Tulpe nicht mehr hatten, die Preise schossen in die Höhe, bis hin zum Gegenwert eines Hauses für eine einzige Blume war viel möglich. Damals erlosch letztlich der Wahnsinn im weiteren Verlauf und mit dem rapiden Sinken der Nachfrage sanken die Preise massiv. Damit soll Ihnen klar werden, an der Börse geht es um Angebot und Nachfrage, damals sollte man jedoch stets den Bezug zur eigentlichen Realität bewahren. Denn wir Menschen sind von unseren Emotionen und unserer Gier gesteuert. Diese lassen uns den realen Wert eines Finanzproduktes völlig verzerrt wahrnehmen. Die Menschen, die damals ihr Haus pfändeten gegen eine Tulpe, hatten möglicherweise sogar kaufmännische Gedanken und wollten die gekaufte Ware eventuell sogar teurer weiterverkaufen, aber durch das Abfallen des Preises sank der Wert.

In der Geschichte der Börse kam es bereits des Öfteren zu einem solchen Crash und allgemein haben wir aus der Vergangenheit viel lernen können über den dort betriebenen Handel. Gerne können Sie im Internet mal nach dem Schwarzen Freitag 1929 oder auch dem Oktober-Crash 1987 recherchieren.

ENTWICKLUNG DES NEGATIVEN MENSCHENBILDES VON BÖRSIANERN UND BÄNKERN

Die Börse befindet sich im Wandel. Der Weg hin zum Anlegen für die Mehrheit der Gesellschaft öffnet sich. Dies ist jedoch nicht ausschließlich auf die allgemeine Digitalisierung zurückzuführen, sondern auch auf das sich verbesserte Licht, in welchem sich die Börse bzw. die gesamte Finanzbranche befindet.

Das einem in den Kopf kommende Menschenbild von Börsianern bzw. von Menschen, welche bei und für eine Bank arbeiten, war früher jedenfalls nicht nur positiv geprägt. Generell waren die Menschen des 20. Jahrhunderts grundsätzlich nicht interessiert bzw. auch nicht positiv gegenüber der Finanzbranche gestimmt. Einige Menschen dieser Generationen sind aufgewachsen als Nachkriegskinder und waren von den Werten ihrer Eltern und Großeltern stark beeinflusst. Es ging darum, etwas zu essen zu haben, oder auch einfach um Sicherheiten. Sich am spekulativen Aktienmarkt zu beteiligen war deshalb auch gegen Ende des 20. Jahrhunderts schon fast verpönt. Etwas für Träumer und Gierige, aber keinesfalls für Privatpersonen geeignet.

Die Gedanken an die Zukunft bezüglich einem langfristigen Vermögensaufbau waren völlig anders geprägt. Es ging um Freiheit, Zeiten ohne Angst und Kriege. Generell war Geld in der damaligen Zeit wirklich nur Papier und nichts weiter.

Diejenigen waren reich, welche Tier, Land und sonstige Möglichkeiten zur Herstellung von Nahrung hatten. Damals waren nicht die wohlhabend, die das meiste Geld in Papierform besaßen, denn durch eine unvorstellbar hohe Inflation war das Geld entwertet worden. In den 60er und 70er Jahren genossen die Menschen im Anschluss an den Krieg und seine schwerwiegenden Folgen die Freiheiten, welche ihnen nun möglich waren. Zu dieser Zeit hat es zwar bereits einen ersten wirklichen

Handel an den spekulativen Kapitalmärkten gegeben, allerdings war der Handel noch weit entfernt von der gesellschaftlichen Mitte. Bei einem Blick in den weiteren Verlauf des Jahrhunderts wird rasch auffällig, dass den Börsianern und generell dem Personal der Banken verschiedene negative Charakterzuschreibungen zuteilwurde. So wurden Banken und Aktionäre zur damaligen Zeit als gierige und generell vom Kapitalismus getriebene Menschen deklariert.

Sie waren ausschließlich auf ihren eigenen Erfolg aus und teilten eigenes Wissen nicht. Es war die Zeit, in der das Anlegen an der Börse nur über feste Börsenplätze möglich war. Ein Traden oder kurzfristiges Handeln und somit ein schnelles Reagieren auf Bewegungen an der Börse war fast niemandem möglich. Die Plätze an den Börsen waren rar und wer einen ergattert hatte, musste alles dafür geben, um diesen zu behalten. „Survival of the fittest", wer Informationen hatte, gab diese nicht preis, oder nur denjenigen aus seinem Netzwerk. Die Devise war, höhere Profite als die Konkurrenz zu machen. Dabei verloren einige Börsianer den klaren Blick und den allgemeinen Bezug auf das Geld.

So entstand gerade in den 80er und 90er Jahren ein eher negativ geprägtes Menschenbild. Ein bedeutsamer weiterer Grund dafür, dass damals nur sehr ausgewählte Personen, Unternehmen und Banken an den Börsen aktiv waren, ist, dass die Sparbücher, Tagesgeldkonten und Girokonten der öffentlichen Banken mit hohen Zinsbeträgen belegt waren. Es war damals nicht unüblich, dass sie auf einfache Sparbücher bis zu 5 % Zinsen erhielten. Unvorstellbar in der heutigen Zeit, wer heute noch ein solches Sparbuch, welches mit einem alten Vertrag belegt ist, hat, der sollte dieses weiterhin besparen und keinesfalls auflösen.

Das Geld auf den Banken gilt zudem als besonders sicher, es ist einlagengeschützt, das bedeutet, dass im Falle eines Bankrottes der Bank das Geld der Anleger durch staatliches Einschreiten gesichert ist. Die Entwicklung geht weiter und im frühen 21. Jahrhundert wird eines deutlich, Sorgen um die eigene Altersvorsorge gibt es nicht bei den Menschen. Die Rente war ausreichend für die große Mehrzahl der Menschen in der Bevölkerung. Die gesellschaftliche Altersstruktur war ausgeglichen und die Renten konnten gut von den jüngeren Generationen beglichen werden. Dies hat sich leider stark gewandelt, bereits heutzutage sind die ausgezahlten Renten sehr niedrig. In 20-30 Jahren bereits kann man davon ausgehen, dass die Rentenzahlungen nicht mehr ausreichen werden, um sich das eigene Leben im Alter davon finanzieren zu können. Deshalb ist es umso wichtiger, dass gerade jüngere Menschen sich hierzu Gedanken machen und frühzeitig anfangen, vorzusorgen.

Im Jahr 2008 wurde die Finanzbranche schlagartig verändert. Der Grund hierfür war einer der wohl größten Crashs der Geschichte. Durch die Pleite von mehreren Banken und einer schlagartigen Veränderung der Preise für Immobilien verloren Banken ihr Vertrauen. Die Menschen suchten nach anderen Anlagemöglichkeiten und so kam es in der darauffolgenden Zeit zu einer Aufbruchsstimmung an den Börsen. Die Menschen öffneten sich vereinzelt dem Handel an den Börsen, an welchen es mittlerweile möglich war, etwas flexibler und mehr und mehr ortunabhängig zu handeln. Meistens wurden die Aufträge von Privatpersonen an das Personal der eigenen Bank in Auftrag gegeben. Diese wiederum kontaktierte die Menschen an den Börsen, um diesen Auftrag durchzuführen.

Das bedeutete, dass eine Privatperson hohen Gebühren für eine solche „Order" gegenüberstand, da die Banken für diese Vermittlung jedes Mal eine kleine Provision verlangten. Gleichzeitig schritt die allgemeine Digitalisierung und auch die des Finanzwesens rasant voran. Die Menschen wurden im Umgang mit dem Internet sicherer und ordneten diesem eine steigende Sicherheit zu. Der Online-Handel wurde möglich an den Börsen und dadurch öffneten sich einige weitere Möglichkeiten, vor allem für Privat- und Kleinanleger. Das Anlegen vom Sofa aus entstand, die Menschen fingen an, an den Börsen zu handeln bzw. ihr Geld dort anzulegen. Von der Hoffnung auf teils schnellen Reichtum getrieben, oder auch für die eigene Altersvorsorge, Motive und Gründe für das eigene Anlegen könnten unterschiedlicher nicht sein. Bis heute konnten einige Unsicherheiten und allgemeine Risiken bezüglich der Sicherheit von Daten und letztlich dem Geldhandel im Internet ausgeschlossen werden.

Somit ist das jetzige Resultat, dass die Abwicklung eigener Finanzen digital im Internet vollzogen werden kann. Interessant ist auch die Entwicklung der Experten, welche sich deutlich entfernt von der Geheimhaltung von Informationen bzw. der Wissensvermittlung zeigen. Immer mehr Börsianer legen ihre Kenntnisse auf den sozialen Medien offen. Egal, ob in Interviews, Blogs oder Videos, es wird den Privatpersonen mit geringen Kenntnissen möglich, echte Expertisen in ihre eigenen Anlagestrategien hineinfließen zu lassen. Auffällig ist auch die hohe Risikobereitschaft der jüngeren Anleger, welche sich durch äußerst riskante Anlagen einen schnellen Weg zu Reichtum erhoffen. Seien Sie sich darüber im Klaren, dass dies sehr wahrscheinlich nur bei den allerwenigsten Menschen funktionieren wird. Heute ist der Zugang zu den Börsen so leicht wie noch nie, die Börse bzw. das allgemeine Finanzwesen hat sich verändert. Auch das negativ geprägte Menschenbild hat sich gewandelt, die Menschen werden allgemein eben interessierter an den Geschehnissen an der Börse und erhoffen sich langfristig bessere Zinsen als bei den Banken.

DOCH WAS MACHEN DIE BANKEN EIGENTLICH MIT IHREM GELD?

Wenn Sie Ihr Geld auf einer Bank in Form eines normalen Kontos halten, so liegt das Geld aus Ihrer Sicht nur herum. Die Bank allerdings sieht das etwas anders, denn sie verwendet Ihr Geld und investiert es, in der

Hoffnung, eigene Gewinne zu erwirtschaften. Stellen Sie sich die Bank als einen Zwischenhändler vor, welcher zwischen den Kunden und Unternehmen agiert. Einerseits ist es der Bank möglich, Gewinne durch die Kunden selbst, durch die Vergabe von Krediten und zum Beispiel durch Kontoführungsgebühren zu machen, andererseits durch die eigens getätigten Investitionen. Hierbei kann die Bank alleine entscheiden, in welche Bereiche sie ihr Geld reinvestiert.

Das bedeutet für Sie als Kunde der Bank auch, dass, wenn Sie Ihr Geld der Bank frei zur Verfügung stellen, Sie dadurch die Geschäfte der Bank unterstützen. Wenn eine Bank nun zum Beispiel in die Unterstützung von Rüstungsunternehmen oder Öl Subventionen investiert, bedeutet das, dass Sie als Privatperson daran beteiligt sind. Letztlich sollten Sie sich Gedanken machen, ob Ihre Bank mit Ihren persönlichen Werten kongruent ist.

Wenn Sie nun selbst an der Börse tätig werden, so ist es Ihnen möglich, Unternehmen oder auch ganze Branchen zu unterstützen, welche mit Ihrem persönlichen Wertesystem zusammenpassen. Sie können also die Marktwirtschaft klar beeinflussen und das sollten Sie auch auf jeden Fall tun. Zudem können Sie sich dabei noch ein paar Prozente an Gewinnen erhoffen, was zugegebenermaßen nicht ganz ohne Bedeutung wäre. Das Thema des aktiven Managements der eigenen Finanzen gewinnt immer weiter an Bedeutung in der Gesellschaft. Allerdings ist dies gerade in Deutschland noch nicht wirklich verbreitet. Darauf geht der Begriff „Stupid German Money" zurück.

STUPID GERMAN MONEY

Der Begriff hat seinen Ursprung von den Briten erhalten und nimmt die Idee des Anlegeverhaltens der Deutschen aufs Korn. Diese halten trotz der klaren Nullzinspolitik nach wie vor an dem Prinzip des Sparbuches und Tagesgeldkontos fest. Dabei ist der Trend längst nicht mehr neu, da das Zinsniveau bereits seit 2014 unter die 0,5 %-Marke fiel (https://de.statista.com/statistik/daten/studie/202273/umfrage/entwicklung-des-zinssatzes-fuer-tagesgeld-in-deutschland/). Gerade durch den Börsencrash im Jahre 2008 fielen die Prozentsätze rapide nach unten. Gemäß den Zahlen des Deutschen Aktieninstitutes liegt die Zahl der gesamten Anleger in Deutschland bei unter 15 % der gesamten Bürger, also nur jeder siebte. Damit liegt Deutschland nur im Mittelfeld im weltweiten Vergleich. Deshalb die Bezeichnung der „German Stupids", durch unser sehr konservatives Denken profitieren die Banken von den Gewinnen von Anlagen und Co. und nicht wir. Wie Sie bereits gelernt haben, erhalten wir nicht nur keine Gewinne, sondern verlieren jährlich knappe 2 % durch die Inflation und aufgrund unseres Nichtstuns bares Geld.

WARUM SO FRÜH WIE MÖGLICH ANFANGEN? DER ZINSESZINSEFFEKT

Der Anlagehorizont, also die Dauer der Anlage, ist für den langfristigen Erfolg eines Anlegers oft von großer Bedeutung. Wer viel Zeit und Geduld mitbringt, reduziert das Risiko drastisch. Einer der dabei wohl gravierendsten Effekte, welcher beim langfristigen und regelmäßig sich wiederholenden Anlegen besteht, ist der sogenannte „Zinseszinseffekt". Bei diesem reinvestiert Ihre ausgewählte Wertanlage die gemachten Gewinne bzw. die Steigerung ihres Wertes ein. Somit wird die gemachte Wertsteigerung erhöht und in den darauffolgenden Jahren erhalten Sie auf die insgesamt gestiegene Anlagesumme weiter Zinsen.

Dadurch steigt Ihre Anlage langfristig exponentiell an und Sie profitieren von diesen langfristigen Reinvestitionen. Grundsätzlich gilt, dass der Zinseszinseffekt seine Wirkung immer weiter entfaltet, also mit jedem Jahr verstärkt. Je länger die Anlage ist, desto stärker ist der Zinseszinseffekt. Wir Menschen unterschätzen die Auswirkungen dieser Wirkung aufgrund von kognitiven Verzerrungen etwas und können das exponentielle Wachstum nur schwer nachvollziehen. Kantar Emnid machte hierzu eine Umfrage bezüglich der Wahrnehmung von Entwicklungen in der Finanzbranche. Aus dieser ging hervor, dass über zwei Drittel der befragten Teilnehmer die langfristigen Steigerungen durch diesen Effekt stark unterschätzten und als deutlich zu niedrig einordneten.

So wurde bereits ein gewisser Albert Einstein auf das exponentielle Wachstum aufmerksam und bezeichnete dieses als das achte Weltwunder. Auch die Börsenlegende Warren Buffet beschreibt den Effekt als einen Erfolgsgaranten für seine Erfolge beim Investieren. Das gute am Effekt ist, dass auch Menschen mit einem niedrigen Vermögen und vor allem kleineren Sparraten langfristig davon profitieren können. Hier eine kleine, aber vor allem Hoffnung erbringende Beispielrechnung:

Geht man von der durchschnittlich erzielten Rendite, bzw. einem durchschnittlichen Gewinn, von Anlegern über die letzten Jahre, welche 7 % jährlich beträgt, und gleichzeitig von einem monatlichen Sparbetrag von 50 € aus, so hätten Sie nach einem Jahr mit eingezahlten 600 € dann 19,63 € Gewinne eingefahren. Nicht viel, denken Sie vielleicht im ersten Moment, doch warten Sie einmal ab.

Nach fünf Jahren hätten sie insgesamt 3.000 € einbezahlt und ein Endkapital von 3.580 € zur Verfügung. Nun hätten Sie bereits über 500 € an Erträgen gemacht, nicht schlecht, oder? Mit einer Laufzeit von 10 Jahren hätten Sie insgesamt 6.000 € einbezahlt und als Endkapital 8.654 €. Wenn man die Laufzeit eines Autos ungefähr herannimmt, wären die überschüssigen 2.654 € durchaus ein netter Zuschuss zum Auto bzw. zu dessen Anzahlung, oder? Wenn Sie wirklich frühzeitig anfangen würden, zu investieren, und zu einer Laufzeit von 20 Jahren kommen, dann hätten Sie bei eingezahlten 12.000 € letztlich 26.046 € auf Ihrem Konto.

Mal ehrlich, das ist schon wirklich überragend, denn Sie hätten mehr Erträge gemacht als das, was Sie eingezahlt haben. Die ganze Rechnerei soll Ihnen deutlich machen, wie gravierend sich dieser Effekt auf einen langen Horizont auswirkt, also fangen Sie an, zu investieren, und merken Sie sich, dass auch bei kleinen Sparraten am Ende große Gewinne herauskommen können. Natürlich ist das hier eine optimale Beispielrechnung und dient wohl eher der Veranschaulichung. Trotzdem, wer einen langen Atem beim Anlegen mitbringt, hat sehr gute Chancen, langfristig Gewinne zu erzielen.

Doch wer an der Börse erfolgreich sein möchte, der muss diese auch zumindest in den Grundzügen verstehen.

Die Börse verstehen

Gerade Neulinge an der Börse werden zu Beginn mit verschiedensten neuen und vor allem unbekannten Begriffen konfrontiert. Doch lassen Sie sich nicht verunsichern, denn jeder hat mal klein angefangen. Aus diesem Grund fangen auch wir hier zunächst einmal klein an.

Im nun Folgenden werden wichtige Begriffe der Finanzwelt vorgestellt. Es geht darum, dass Sie einen Überblick erhalten und die darauffolgenden Abschnitte verstehen können.

Dies soll jedoch nur ein Einstieg werden, denn an der Börse geht es um langfristiges Lernen und Verstehen. Die Börse spricht eine eigene Sprache, oft sind die Begriffe nicht mit dem Alltag zu verknüpfen, weshalb so manches schlichtweg gelernt und verstanden werden muss.

❖ Aktien: Kurz ausgedrückt gibt es Firmen, welche Anteile an ihrem Unternehmen zur Verfügung stellen, in Form von Aktien. Diese Beteiligungen können sich Anleger und Investoren kaufen. Hierfür erhoffen sich die Aktionäre Gewinne bzw. sie werden vom Unternehmen an den Gewinnen beteiligt. Das Unternehmen erhält durch die Vergabe der Aktien mehr Eigenkapital, durch welches es expandieren und so die eigenen Gewinne wiederum steigern kann. Eine Aktie wurde früher in Form eines Wertpapieres ausgehändigt. Auf diesem steht dann, wie viele Anteile an einer Firma der Aktionär besitzt bzw. ihm zustehen, es ist die Rede von verbrieften Wertpapieren.

❖ Anleihen: Sie gibt es in verschiedenen Formen, von Staats- bis Unternehmensanleihen ist vieles verfügbar. Allgemein hat eine Anleihe den Sinn, dass eine Firma zu mehr Kapital kommt. Dieses leiht sie sich von Investoren, welche mit einer Gegenbezahlung für die Leihe entlohnt werden. Nachdem die Laufzeit dieser Bereitstellung des Geldes zu Ende ist, hat der Anleger keine Rechte bzw. Anteile am Unternehmen mehr.

❖ Assetklassen: Diese beschreiben eine Anlage- oder Assetklasse, welche sich auf ein bestimmtes Segment der Vermögenswerte bezieht. Grundsätzlich gibt es einige unterschiedliche Anlageklassen, in welche Sie als Anleger investieren können. Zum Beispiel gibt es Aktien, Rohstoffe, Immobilien, Wertpapiere und viele mehr.

❖ Broker: Letztlich ist dies der Zwischenhändler von Ihnen zur Börse, eine unabhängige Firma oder Person, welche Ihre Finanztransaktionen bzw. Orders durchführt. Für die Ausführung Ihrer Aufträge werden sogenannte Transaktionskosten bzw. Kommissionen fällig.

❖ Bullenmarkt: Wenn sich der Aktienmarkt bzw. ein bestimmter Anlagesektor in einem auffälligen Aufwärtstrend befindet, so ist die Rede von einem bullischen Aktienmarkt. Dann herrscht an der Börse meist eine euphorische bzw. sehr positive Stimmung, geprägt von viel Zuversicht für die zukünftige Entwicklung am Aktienmarkt.

❖ Bärenmarkt: Dieser ist das Gegenstück zum Bullenmarkt und beschreibt den Abwärtstrend an der Börse. Der Markt ist geprägt von negativen Stimmungen bzw. allgemeiner Unsicherheit und mangelnder Erfolgsaussichten für bestimmte Wertpapiere.

❖ Blue Chips: Dieser Begriff wird Ihnen vor allem im deutschsprachigen Raum des Öfteren entgegenkommen. Unter den Blue Chips werden die Standardwerte verstanden. Darunter fallen die Indizes wie der DAX30 (keine Sorge, dies wird nachher noch genauer erklärt).

❖ Börse: Ein Handelsplatz, an welchem es möglich ist, verschiedene Finanzprodukte zu erwerben und zu verkaufen. Für die Börse gibt es unterschiedliche Instanzen, welche hierbei für die Kontrolle und Abwicklung des Handels zuständig sind, letztlich ist eine Börse und das Geschehen an dieser staatlich überwacht.

❖ Cost Average Effekt: der „durchschnittliche Kosten-Effekt“ tritt dann ein, wenn ein Anleger immer wiederholt und regelmäßig einen zuvor festgelegten Geldbetrag in das gleiche Wertpapier investiert. Allgemein schwankt der Wert eines Aktienkurses, also der Wert verändert sich. Wenn Sie theoretisch Ihr gesamtes Anlagevolumen auf einmal in ein Wertpapier investieren würden, so kann es Ihnen passieren, dass Sie zu einem sehr hohen Kaufkurs Ihr Geld anlegen. Durch das sich wiederholende und regelmäßige Anlegen können Sie dieses Risiko einfach umgehen. Der Nachteil wäre es theoretisch, dass Sie bei einer einmaligen Investition auch einen äußerst günstigen Kaufpreis für Ihre Anlage erzielen können. Allerdings hat sich die Verteilung des Kapitals beim Investieren über die letzten Jahre bewährt und ist speziell für Neulinge an der Börse absolut empfehlenswert. Letztlich kaufen Sie somit mal zu einem günstigeren und mal zu einem teureren Kurs die Anteile an einem Unternehmen ein. Der „durchschnittliche Kosten-Effekt“ errechnet sich letztlich aus dem dabei durchschnittlichen Kaufpreis, wodurch das Risiko klar reduziert wird.

❖ Courtage: Wenn Sie an der Börse mit Wertpapieren handeln, fallen bei jedem Kauf und Verkauf bzw. bei allen Handelsaktivitäten Gebühren an. Diese werden in der Fachsprache als Courtage bezeichnet.

❖ DAX: Der Deutsche Aktienindex ist ein typisches Beispiel für Standardwerte oder auch Blue Chips-Werte. Der DAX ist der Leitindex in Deutschland, an welchem die 30 größten dotierten deutschen Unternehmen, welche an der Börse gelistet sind, abgebildet werden, in einem zusammengefassten Wert. Er spiegelt sozusagen die aktuelle Wirtschaftslage in Deutschland wider und aus ihm lassen sich einige weitere Informationen gewinnen.

❖ Depot: Darunter ist ein besonderes Konto zu verstehen, auf welchem der Handel mit Finanzprodukten und speziell eben auch mit Wertpapieren möglich ist. Sie können auf diesem Konto oftmals keine

Überweisungen des alltäglichen Gebrauchs tätigen, sondern von Ihrem Depot nur Geld auf ein anderes Girokonto, welches Sie besitzen, überweisen.

❖ Diversifikation: Hiermit wird auf die Aufteilung Ihres gesamten Anlagevolumens abgezielt, welches für das eigene Risikomanagement von extrem hoher Bedeutung ist. Hierfür sollten Sie sich folgende Grundregel gut merken: Je breiter Sie in Ihrem Depot streuen, desto geringer wird das Risiko eines totalen Verlustes. Da das Thema der Diversifikation von einer so großen Bedeutung ist, werden Sie im weiteren Verlauf hierzu noch einiges kennenlernen.

❖ Dividenden: Dies sind Ausschüttungen von Gewinnen eines Unternehmens bzw. die Beteiligung an den Erfolgen. Stellen Sie sich diese als Belohnung für die jeweilige Bereitstellung Ihres Geldes an ein Unternehmen vor.

❖ Emittent: Darunter wird ein Heraus- bzw. Ausgeber in der Finanzwelt verstanden. Stellen Sie es sich als eine Einrichtung vor, welche dazu befähigt ist, die Wertpapiere zu veräußern, also herauszugeben. Ein Emittent kann beispielsweise eine Bank oder auch ein Staat sein.

❖ Fonds: Ein Fonds ist eine Gesellschaft bzw. ein Zusammenschluss, wobei es das Ziel ist, das angelegte Kapital zunächst zu bündeln, um dann in Unternehmen zu investieren, mit der Hoffnung, dass sich das Kapital erhöht. Ein Fonds stellt den Anlegern ein Portfolio zusammen, in welchem Unternehmen gemeinsam durch ein Wertpapier zusammengefasst werden. Diese werden zuvor von den Managern des Fonds ausgewählt und auch während der Anlage aktiv verwaltet und betreut. Grundsätzlich ist das Ziel hierbei, dass die Unternehmen und Anleger vom Wachstum bzw. den Gewinnen profitieren und beide Seiten für ihr Risiko belohnt werden. Dadurch, dass die Fonds von Menschen aktiv betreut und verwaltet werden müssen, fallen allerdings auch Gebühren für die Anleger an, sozusagen für den Service des Anbietens und der Verwaltung.

Wenn Sie als Investor in einen Fonds einsteigen, so gilt es, sich zunächst zu informieren, welche Art eines Fonds der vorliegende ist und in welche Unternehmen bzw. Branchen dieser investiert.

❖ Freistellungsauftrag: Grundsätzlich ist es in Deutschland möglich, dass Sie auf Ihre Kapitalerträge bis zu einem jährlichen Höchstbetrag von 801 € keine steuerlichen Abgaben auf Ihre Gewinne zu zahlen haben. Die Abgeltungssteuer tritt dann erst in Kraft, wenn Sie diesen Grenzbetrag überschreiten. Hierfür müssen Sie allerdings einen sogenannten Freistellungsauftrag bei Ihrem jeweiligen Broker einreichen. Ansonsten schenken Sie bares Geld her. Denn die Abgeltungssteuer wird in Deutschland bei jeglichen Auszahlungen von Gewinnen, Dividenden und Zinsen fällig.

❖ (Handels-Plattformen): Eine Börse kann als eine solche Plattform verstanden werden. An diesem Ort ist es möglich, dass Sie wie an einem normalen Wochenmarkt Dinge kaufen und verkaufen. An der Börse werden aber nur Finanzprodukte zur Verfügung gestellt. Die Handelsplattform agiert hierbei als Zwischenhändler, zu welchen auch die Broker hinzuzählen. Diese sind für einen reibungslosen Ablauf von Verkäufen und Käufen zuständig. Bei den meisten Brokern fällt für diese Abwicklung der Handelsaktivitäten eine Gebühr an. Von dieser sogenannten Provision profitieren diese Plattformen und finanzieren sich. In Deutschland gibt es völlig verschiedene Plattformen, allerdings kann man die XETRA, eine elektronische Börse, als eine der gängigsten nennen.

❖ Index: Dieser kann als eine Kennzahl für die Abbildung einer bestimmten Branche verstanden werden. In einem Index werden meist verschiedene einzelne Werte gelistet und durch das Zusammenrechnen bildet sich dann eine Kennzahl heraus.

❖ Investment-Gesellschaft: Eine Einrichtung, in welcher verschiedene Fonds verwaltet und analysiert werden. Die Regulierung wird hierbei von der jeweiligen Depot-Bank übernommen, wodurch eine zweckgebundene Verwendung des Geldes der Anleger gewährleistet wird und die Gelder nicht für Privates der Mitarbeiter der Gesellschaft ausgegeben werden.

❖ Kurs: Der Wert eines Wertpapiers wird in Form einer Zahl dargestellt. Diese Zahl spiegelt den Wert eines Anteils wider. Generell sind gerade Aktienkurse von Unternehmen oft einer relativ starken Volatilität ausgesetzt und der Wert der Anteile schwankt stark. Mit einem aktuellen Kurswert können die Investoren einsehen, zu welchem Kauf- und Verkaufspreis die Anteile gehandelt werden.

❖ KGV: Ausgesprochen bedeutet es Kurs-Gewinn-Verhältnis. Dieses stellt für die Analyse eines Unternehmens bzw. bei der Planung eines Kaufes oder Verkaufes einen wichtigen Indikator dar. Durch diese Kennzahl wird es möglich, dass die Anleger einsehen können, wie das Verhältnis zwischen dem aktuellen Kurswert eines Anteils und dem Jahresgewinn ausfällt. Ein niedriger KGV bedeutet ein günstigeres Verhältnis des Wertes bezogen auf den geschätzten Gewinn. Merken Sie sich, dass, je niedriger der KGV, desto näher die Aktie am realen Unternehmenswert orientiert ist.

❖ Liquidität: Wenn ein Unternehmen ein hohes liquides Vermögen aufweist, kann es besonders gut auf kurzfristige Veränderungen und Ereignisse reagieren. Deshalb wird es auch als flüssiges Geld im normalen Sprachgebrauch umschrieben.

❖ Markt Kapitalisierung: Dies bezieht sich zunächst auf den gesamten Wert eines Unternehmens, welches an der Börse gelistet ist. Dabei wird aus dem aktuellen Kurswert eines Anteils, die Anteile multipliziert, die dem Handel zur Verfügung stehen. Aus dieser Rechnung lässt sich der aktuelle Börsenwert herausleiten. Für den Laien reicht es, zu wissen, dass die Marktkapitalisierung auf den Anteil eines Unternehmens der jeweilige Branche bezogen ist. Wenn ein Unternehmen zum Beispiel 10 %

aller Rasenmäher verkauft, so hat es eine Gesamtmarktkapitalisierung von 10 %.

- Nennwert: Beschreibt die Geldmenge einer Anleihe, welche an die Investoren verliehen wurde bzw. von einem Unternehmen abgegeben wurde und nach der Anleihe, also der zuvor festgelegten Laufzeit, zurückgezahlt wird.

- Net Asset Value: Der Wert eines Anteils am Fonds berechnet sich, indem man die im Fonds enthaltenden Vermögenswerte durch die Anzahl der Fondsanteile teilt.

- Order: Dies bedeutet übersetzt Auftrag. In Bezug auf die Börse meinen Orders die Aufträge der Aktionäre, welche im Anschluss von den jeweiligen Brokern durchgeführt werden. Grundsätzlich kann eine Order telefonisch, schriftlich, persönlich oder, wie heutzutage am meisten verwendet, im Internet in Auftrag gegeben werden. Grundsätzlich werden diese Aufträge im Anschluss von den jeweiligen Banken, Brokern etc. überprüft und dann versucht, den für den Käufer günstigsten Kaufpreis an den Börsen zu erzielen.

- Performance: Sie beschreibt den Verlauf des Preises eines Wertpapieres. Anhand dieser Kennzahlen ist es den Anlegern möglich, die Entwicklung der Vergangenheit nachzuvollziehen. Daraus lassen sich wiederum Informationen für die folgende Zeit gewinnen, um die zukünftige Entwicklung zu prognostizieren.

- Portfolio: An diesem Ort wird Ihr gesamtes Anlagevolumen bzw. alle Anlagen zusammengefasst dargestellt. Das Ziel ist es, dass ein Anleger den Überblick über die getätigten Investitionen behält.

- Provision: Bei der Ausführung von Orders der Anleger fallen in den meisten Fällen Gebühren an, für deren Durchführung. Diese werden als Provision bezeichnet, durch welche sich die Broker und Vermittler der Aufträge finanzieren. Allerdings kann eine Provision zum Beispiel auch sein, wenn ein Autoverkäufer ein Auto verkauft, zu einem festen Preis, und dann im Anschluss einen zuvor ausgemachten Prozentsatz an Provision erhält.

❖ Rendite: Wenn Sie eine Investition tätigen, erhoffen Sie sich Gewinne auf Ihre Anlagen. Diese Erträge werden als Rendite bezeichnet und sind oft ein Maßstab für den Erfolg der Investition. Bei einer Aktie, also einem verbrieften Wertpapier, sind oft die sogenannten Zinsen maßgeblich für die erzielten Renditen.

❖ Sparbuch: Es ist die gängigste Sparanlage in Deutschland. Viele Menschen erhoffen sich, durch diese Renditen zu erhalten. Allerdings liegen die Zinsen in der heutigen Zeit beinahe bei null Prozent, weshalb das Sparbuch durchaus in die Jahre gekommen ist.

❖ Sparplan: Er bezeichnet das regelmäßige und terminlich festgelte Anlegen eines fixen Sparbetrages auf ein Konto. Meist können Sie bei den modernen Brokern bereits mit einem kleinen Geldbeutel und niedrigen Sparraten einen Sparplan einrichten. Da das Thema des Sparplans von großer Bedeutung für Einsteiger an der Börse ist, wird auf diesen in späteren inhaltlichen Abschnitten detailliert eingegangen.

❖ Standardwert: Sie haben bereits von den Blue Chips gehört, welche letztlich die Standardwerte an der Börse abbilden. Der in Deutschland bekannteste Standardwert ist der DAX 30, in welchen die 30 größten an der Börse gelisteten Unternehmen Deutschlands zusammengefasst aufgenommen werden.

❖ Transaktionskosten: Dies sind Gebühren, welche bei einzelnen Handelsaktivitäten anfallen, sprich bei der Durchführung von Orders.

❖ Volatilität: Sie beschreibt die Schwankung des Preises eines Wertpapieres oder einer Anlageklasse. Denn die Werte entwickeln sich täglich unterschiedlich. Bei einer starken Schwankung eines Investments spricht man deshalb von einer hohen Volatilität.

❖ Wertpapier: Eine Geldanlage, bei welcher ein Aktionär oder Anleger Rechte in verbriefter Form erhält. Durch den Erwerb werden dem Investor Anteile oder Beteiligungen zugesichert. Mit diesen steht ihm frei, ob er sie behält oder verkauft. Früher wurden die Wertpapiere in Papierform übergeben bzw. übertragen. Heutzutage geschieht dies automatisiert und digital. Mit dem Erhalt der Anteilsrechte werden dem Anleger letztlich mit einer Urkunde bestätigt, dass diese ihm zuteilwerden.

❖ Zinsen: Für die Bereitstellung von Geld erhalten Anleger und sonstige als Belohnung bzw. Gegenleistung Zinsen. Hierbei gibt es verschieden Formen von Zinsen – die Haben- und die Soll-Zinsen. Haben-Zinsen beziehen sich beispielsweise auf die klassischen Anlagen und deren Belohnungen für die Geldanlagen, wie es bei Sparbüchern und Festgeldkonten der Fall ist. Soll-Zinsen fallen bei Krediten an, sind also zu zahlen und somit nicht auf der Haben-Seite einer Person. Der Spieß wird umgedreht und nicht die Privatpersonen werden für die Bereitstellung finanzieller Möglichkeiten entlohnt, sondern die Banken.

Mit den hier vorgestellten Begriffen soll es Ihnen möglich sein, dass Sie nicht total planlos mit diesen konfrontiert werden. Sie werden allerdings rasch feststellen, dass die Börse ihre eigene Sprache spricht und dass Sie noch auf einige weitere Begriffe treffen werden, welche für Sie zunächst neu sind.

Überblick Anlageklassen

Nachdem Sie den Einstieg geschafft haben, geht es nun nach den geschichtlichen Hintergründen und der Börsensprache ans Eingemachte. Das Ziel ist es, dass Sie nach dem folgenden Abschnitt verschiedene Anlageklassen kennenlernen und somit einen groben Überblick über Investitionsmöglichkeiten erhalten. Denn an der Börse gibt es viele verschiedene Arten von Wertpapieren und Möglichkeiten, um sein Geld anzulegen. Dies führt bei vielen Anlegern zu großen Unsicherheiten, weshalb die Erfassung des groben Ganzen unausweichlich ist. Allgemein ist die Rede von den Anlageklassen, welche auch als sogenannte Assetklassen beschrieben werden.

Wie Sie bereits im vorherigen Abschnitt gelernt haben, ist eine Anlage- oder Assetklasse ein bestimmtes Vermögenssegment, in welches die Investoren ihr Geld anlegen können. Grundsätzlich lassen sich diese in zwei Kategorien unterscheiden, in die klassischen und alternativen Anlageklassen.

KLASSISCHE ANLAGEKLASSEN

❖ Spareinlagen: Die in Deutschland am häufigsten verwendete Anlageklasse. Hierunter fallen sämtliche Geldeinlagen, welche bei den Banken oder sonstigen Kreditinstitutionen eingelagert sind. Grundsätzlich haben hierbei die meisten Geldeinlagen keine festgelegte Laufzeit, allerdings gibt es hier einige Unterschiede, welche den hier vorliegenden Rahmen überschreiten würden. Bei den Spareinlagen liegen jedoch meistens geregelte Abhebegrenzen bzw. verschiedene Obergrenzen vor, sodass die Liquidität für Sie als Kunde etwas eingeschränkt ist. Während Sie früher solide Zinsen auf Ihre Spareinlagen erhielten, so hat sich dies im Laufe der Zeit massiv verändert. In Zeiten der Nullzinspolitik haben

Sie keine Zinsen für Ihre Einlagen in Aussicht und in Kombination mit der Inflation von jährlichen knapp 2 % verliert Ihr Geld an Wert, wenn es unberührt auf Ihrem Konto herumliegt. Der wohl größte Vorteil der Spareinlagen ist, dass diese meist vom Staat geschützt sind und somit auch in Krisen oder einem Bankrott der Bank einlagengesichert sind.

❖ Anleihen: Von einer Anleihe ist die Rede, wenn eine festverzinsliche Schuldverschreibung vorliegt. Diese haben meist einen eher langfristigen Charakter und werden vertraglich festgehalten. In diesem wird die sogenannte Tilgung festgehalten, welche die Begleichung der Anleihen dokumentiert. Eine der bekanntesten Anleiheformen sind die der Finanzierung von Krediten, weshalb sich Anleihen meist auf ein höheres Einsatzkapital mit einem langfristigen Horizont beziehen.

❖ Aktien: Endlich kommen wir dem Begriff der Aktien etwas näher. Zu diesem Thema werden Sie noch genügend erfahren, weshalb dies hier nicht behandelt wird. Allerdings gehören Aktien zu den klassischen Anlageklassen.

ALTERNATIVE ANLAGEKLASSEN

❖ Rohstoffe: Eine Assetklasse, welcher in Bezug auf den geschichtlichen Hintergrund viel Aufmerksamkeit zugutekam. Grundsätzlich lassen sie sich in Hard und Soft Commodities unterscheiden. Hard Commodities sind Rohstoffe, welche abgebaut werden können, wie zum Beispiel Kupfer oder Erdgas. Hingegen fallen unter die Soft Commodities die Rohstoffe, welche angebaut werden können, also beispielsweise Soja oder Baumwolle, aber auch Nutztiere werden dieser Kategorie zugeordnet. Zumeist werden hierbei beim Handel der Rohstoffe die enthaltenen Wertpapiere in Indizes abgebildet und nur selten über direkte Investitionen oder Vergleichbares gehandelt.

❖ Immobilien: Gerade in Deutschland eine der geläufigsten alternativen Anlageklassen. Aus der Kombination von Eigenkapital und einem bereitgestellten Kredit werden diese finanziert. So kennen wir es aus dem Alltag, allerdings läuft dies an der Börse etwas anders ab. Dort besteht für Investoren die Möglichkeit, in sogenannte Immobilienfonds ihr Geld anzulegen und an der Finanzierung, meist von Großbaustellen, teilzuhaben. Dies ist auch mit kleineren Anlagesummen möglich und es wird im Groben unterschieden in geschlossene und offene Fonds. Während ein geschlossener Fonds nur bis zu einem zuvor festgelegten Betrag Geldsummen aufnimmt, so hat ein offener Immobilienfonds eher den aktiven Handel mit den Immobilien im Sinn. Beide haben letztlich das Ziel, dass die Immobilien langfristig gewinnbringend vermietet oder auch veräußert werden.

❖ Neue Finanzprodukte: Diese Anlageklasse findet gerade bei neueren und jüngeren Anlegern großen Anklang, ist allerdings oft auch mit einem sehr hohen Risiko gekoppelt. Das hohe Gewinn- und Verlustpotential resultiert daraus, dass sich der Wert der Produkte ausschließlich nach Angebot und Nachfrage ausrichtet und diese deshalb insgesamt keinen realen Wert haben. Daher ist diese Kategorie unterschiedlich zu den gängigen Währungssystemen zu betrachten und aufgrund des hohen Risikos, wenn überhaupt, nur geringfügig im Portfolio zu halten. Das wohl aktuell impulsivste Finanzprodukt sind die Kryptowährungen. Hierbei fallen diese aufgrund ihres exponentiellen Wachstumes in den letzten Jahren natürlich stark auf. Sie weisen eine extreme Volatilität auf und haben innerhalb eines Tages des Öfteren Preisschwankungen im höheren einstelligen Bereich.

Die Börse: Aufgaben, Börsenplätze und Handelszeiten

Wertpapierbörsen haben eine bedeutsame Rolle bezüglich der allgemeinen Volkswirtschaft. Die Aufgabe der Börse ist es hierbei, einen regulierten Marktplatz für den Handel von Wertpapieren darzubieten. Dies dient den Anlegern, um ihr Geld anzulegen und zu investieren. Gleichzeitig wird die Volkswirtschaft angetrieben, denn die Unternehmen, welche Anteile von sich verkaufen, kommen somit schnell zu neuem Kapital.

Die Handelsplätze der Börse dienen als sicherer Ort für Vermögensrechte. Dabei wird den Unternehmen die Möglichkeit freigestellt, dass sie in Form von Aktien oder Anleihen an Kapital von Anlegern herankommen. Das wichtigste zentrale Merkmal von der Börse ist neben der Beaufsichtigung der Preisbildung von Kursen das Ziel, einen transparenten und effizienten Markt zur Verfügung zu stellen. Das hierbei Wichtige ist, dabei die Transaktionskosten möglichst gering zu halten und gleichzeitig vor Manipulationen zu schützen.

An der Börse kommt eine große Menge an Käufern und Verkäufern an einem Ort zusammen. Hierbei ist die Übertragung der Wertpapiere nicht physisch, sondern wird also digital und computergesteuert vollzogen. Letztlich bringt die Börse die Interessen von Anleger und Unternehmen zusammen, also vereint das Angebot mit der Nachfrage. Durch transparenten, fairen und sicheren Handel an den verschiedenen Handelssystemen, wie der Frankfurter Börse oder der elektronischen Börse Xetra, wird der Handel in Deutschland reguliert durchgeführt.

Die Börse hat die Aufgabe, die Preise zu ermitteln, nach welchen sich die Anleger bezüglich der Kauf- und Verkaufspreise orientieren. Durch die stetige Veröffentlichung der aktuellen Zahlen und Informationen, welche für den Wertpapierhandel relevant sind, wird ein fairer und sicherer Handel gewährleistet. Zudem verbindet die Börse die notierten Unternehmen mit internationalen und nationalen Anlegern. Dadurch werden völlig neue Möglichkeiten offengelegt und somit gewinnt die Firma deutlich an Bekanntheit und kann somit ihre Aktivitäten und Entwicklungsfortschritte deutlich erweitern. Dadurch werden die Unternehmen wettbewerbsfähiger. Auch die Anleger können vom Handel mit einheitlichen Regeln für alle Teilnehmer des Marktes profitieren. Die Chancenungleichheit wird etwas verringert und allgemein haben die Aktionäre aufgrund der ihnen zur Verfügung stehenden Kenntnisse ihre Entscheidungen an der Börse zu entscheiden. Zudem kann die Volkswirtschaft aufgrund der so in den Markt gekommenen Einkommensquellen durch Aktien und Anleihen ihrerseits weiter expandieren und es können neue Arbeitsplätze entstehen.

Handelszeiten der Börse

An der Börse gibt es feste Handelszeiten, an welchen der Handel mit Wertpapieren möglich ist. Diese Begrenzung ist dringend von Nöten, um die in Deutschland geltenden Gesetze zum Arbeitsschutz einhalten zu können. Die Börse öffnet deshalb täglich um 9:00 Uhr den Handel und schließt an deutschen Börsen um 17:30 Uhr. In dieser Zeit ist der freie Handel möglich bzw. zu diesen Zeiten werden die aufgegebenen Orders ausgeführt. Das heißt, dass es Ihnen grundsätzlich möglich ist, dass Sie an einer Börse auch nachts um 4 Uhr eine Order in Auftrag geben können, allerdings wird die Order nur zu den üblichen Handelszeiten ausgeführt. Die verschiedenen Märkte sind gesetzlich verpflichtet, die jeweiligen Handelszeiten einzuhalten, weshalb ein Handel außerhalb der Zeiten nicht möglich ist.

DEUTSCHE UNTERNEHMEN AN DER BÖRSE

Zunächst sind diese Unternehmen an die deutschen Handelszeiten der Börse gekoppelt und müssen diese akzeptieren. Zudem müssen sie ihren Hauptumsatz durch Aktien erwirtschaften und ihren Hauptsitz in Deutschland haben. Wenn man sich detaillierter damit befassen möchte, dann muss das Unternehmen zusätzlich mindestens 10 % Prozent seines gesamten Aktienkapitals zum Handel zulassen, dies wird als sogenannter Streubesitz betitelt.

Indizes

Ein Index ist eine Kennziffer, welche zur Darstellung von Veränderungen bestimmter Größen zwischen verschiedenen Zeitpunkten verwendet wird ((https://www.finanztreff.de/wissen/indizes/was-sind-indizes/6751). Die Veränderungen der Entwicklung einer bestimmten Zahl an ausgewählten Aktien werden über einen bestimmten Zeitraum angegeben. Die Aktien- und Rentenindizes werden als Indikator über die Entwicklungen eines Teil- oder für die Abbildung des gesamten Marktes, einer Region oder einer Branche verwendet. In einem Indizes werden verschiedene Aktienwerte bzw. mehrere Unternehmen zusammengezählt, um daraus im Anschluss ein aussagekräftiges Gesamtbild über die aktuelle Situation an der Börse wiederzugeben. Die Kennzahl wird als sogenannte Indexpunktzahl genannt.

Grundsätzlich gibt es viele verschiedene Indizes, allerdings geben die sogenannten Leitindizes den besseren Überblick über das ganzheitliche Geschehen an der Börse. In diesen werden meist die größten Unternehmen eines bestimmten Marktes gebündelt und dargestellt. Ein Leitindex wird in der Börsensprach oft als „Blue Chips Index" beschrieben. In Deutschland ist dieser der DAX, in Westeuropa der Euro STOXX, in China der Hang Seng Composite, in Japan der Nikkei Index und in den USA der S&P 500 und der Dow Jones. Für das Auf und Ab an der Börse sind letztlich die Anleger verantwortlich.

Meist müssen die Indizes größere Schwankungen während der Veröffentlichung der Quartalszahlen der einzelnen Unternehmen befürchten. Die Aktionäre agieren oft nicht rational und fällen schnelle Entscheidungen basierend auf Nachrichten und Ereignissen. Grundsätzlich begründet sich die Vielzahl der Auswahlmöglichkeiten bei Indizes darauf, dass nicht nur die Börse selbst einen Index gründen kann. Dies obliegt auch Anlegern/ -magazinen, Wertpapieremittenten etc. Ein Blick in die

Zeitung reicht oftmals aus und Sie werden feststellen, dass im Wirtschafts- und Finanzteil einige verschiedene Indizes aufgeführt werden. Letztlich ist dies ähnlich wie Werbung für einen Index, da durch die somit gewonnene Aufmerksamkeit möglicherweise neue Anleger für einzelne Unternehmen, welche im Index enthalten sind, hinzugewonnen werden können.

Wenn sich ein Index in einem Auf- oder Abwärtstrend befindet, so können gerade erfahrenere Aktionäre aus diesen Informationen ihr weiteres Handeln ableiten. Die jeweiligen Blue Chips der einzelnen Länder fassen meist die wirtschaftsstärksten und größten an der Börse gelisteten Unternehmen zusammen. Dadurch lässt sich aufgrund dieser resultierenden Kennzahlen die aktuelle wirtschaftliche Lage eines Landes ablesen. Allerdings gibt es einige weitere Indikatoren, welche die Veränderungen der Indizes begründen. So können beispielsweise auch politische Entscheidungen und Ereignisse die Kurse der einzelnen Unternehmen bzw. ganze Indizes verändern.

Zum Beispiel stehen die Indizes bzw. die Börse vor Wahlen in großen Ländern oft sehr unter Spannung, da man die folgende Zeit bezüglich der Wirtschaftssituation nicht einschätzen kann, und an der Börse wird die Zukunft gehandelt. Für Sie als Kleinanleger können Indizes sehr hilfreich sein. Gerade in der Evaluation ihrer Performance an der Börse eignet sich das Hinzuziehen der Indexwerte sehr gut. Denn Sie können die Performance eines Indizes einer Branche mit der Entwicklung ihrer Einzelwerte vergleichen, welche der gleichen Sparte zugehörig sind. Besonders Fonds, welche aktiv betreut werden und generell mit einer höheren Gebühr in Verbindung stehen, haben stets das Ziel, die Performance des Indizes zu schlagen.

Denn sie stehen im direkten Konkurrenzkampf mit den jeweiligen Indizes, bei einem schlechteren Abschneiden entfällt den Fonds-Managern die Rechtfertigung gegenüber ihren Anlegern. Da aktiv gemanagte

Fonds immer mit hohen Gebühren einhergehen, so müssen diese eigentlich die Performance des Marktes schlagen und zusätzlich die anfallenden Gebühren, sodass der Anleger nicht in einen Index abbildendes Wertpapier investiert, sondern eben in den Fonds.

DIE DEUTSCHE BÖRSE

Es dreht sich um den DAX, den Deutschen Aktienindex. Dieser gilt als der größte deutsche Leitindex.

„Die deutsche Börse konzipiert, berechnet und verteilt über 3.000 Indizes unter ihren Dachmarken DAX, DAXplus, DAXglobal und ist damit einer der innovativsten und renommiertesten Indexanbieter weltweit. Die bekanntesten Basiswerte DAX, MDAX und DivDAX bieten Transparenz und eine klare Struktur für den deutschen Markt“

(https://www.yumpu.com/de/document/read/4500913/pdf-broschure-deutsche-borse-blue-chip-indizes-dax-indicescom).

Während der DAXglobal es den Anlegern ermöglicht, an den weltweiten Entwicklungen der sogenannten Emerging Markets zu partizipieren, so gewährleistet der DAXplus, eine Chance bzw. ein Risikoprofil gegenüber dem gesamten Markt aufzubauen. Denn der DAXplus legt seinen Schwerpunkt eher in Richtung moderner Portfolios und orientiert sich an innovativen Weiterentwicklungsmöglichkeiten von klassisch traditionellen Indizes in Kombination mit neuen Anlagemöglichkeiten.

Letztlich haben Sie als Anleger das Zepter in der Hand und können selbst entscheiden, woran Sie teilhaben wollen. Die Börse bietet Ihnen die Plattform, Ihr Geld in innovative Indizes anzulegen. Die jeweiligen Indizes werden von Zeit zu Zeit angepasst an das aktuelle Geschehen am Markt und den Interessen der jeweiligen Zielgruppe.

Somit soll vermieden werden, dass in einem Index sogenannte „tote“ Unternehmen enthalten sind. Im Vordergrund für die optimale

Umsetzung der Anforderungen an den Markt stehen die Interessen der Anleger, an welchen sich die Zusammensetzung orientiert. Der DAX wurde in den 1980er Jahren gegründet und wird von der Deutschen Börse seit 1988 reguliert, kontrolliert und errechnet. Der Index findet seinen Ursprung in einer Börsenzeitschrift und der deutschen Wertpapierbörse. Damals wurde entschieden, dass im DAX die 30 größten und vor allem umsatzstärksten Unternehmen aufgenommen werden sollen. Die Börse in Frankfurt nahm den Index auf und traf dort auf große Erregung der Anleger. Denn die besonders einfache und übersichtliche Handhabung des Indizes ermöglichte es damals nicht nur den absoluten Experten der Börse, in die Unternehmen zu investieren.

Grundsätzlich werden die Unternehmen des DAX erst durch die Erfüllung mehrerer Kriterien aufgenommen. Die Firmen müssen den eigenen Handel an den Handelszeiten der deutschen Börse koppeln und allgemein ihren Hauptumsatz der Aktien in Deutschland erwirtschaften oder zumindest ihren Hauptsitz in Deutschland haben. Zudem müssen die Unternehmen mindestens 10 % ihres Streubesitzes, also ihres gesamten Aktienkapitals, zum freien Handel stellen. Des Weiteren müssen die Unternehmen vom Siegel des sogenannten „Prime-Standards“-Segment der deutschen Börse gelistet sein.

Zum DAX gesellt sich der MDAX, welcher ebenfalls ein Index ist. Dieser beinhaltet fünfzig etwa mittelgroße deutsche Aktiengesellschaften, wovon eine Vielzahl dieser AGs in Deutschland tätige, jedoch ausländische Unternehmen sind. Die meisten dieser Unternehmen sind in den klassisch industriellen Bereichen tätig. Der MDAX befasst sich überwiegend mit der Weiterentwicklung von mittelgroßen Industriewerten. Die Unternehmen stellen letztlich die direkte Konkurrenz zu den Aktiengesellschaften des DAX dar. Wenn einer von diesen schwächelt, so ist es in der Vergangenheit des Öfteren vorgekommen, dass ein Unternehmen aus dem MDAX mit einem aus dem DAX getauscht wurde. Grundsätzlich kommen die Unternehmen des MDAX gemäß ihres Börsenumsatzes und ihrer Marktkapitalisierung denen des DAX nahe. In der Fachsprache sind im MDAX typische Mid Cap-Unternehmen enthalten.

MID CAPS

Mid Cap-Aktien sind von denen der mittelgroßen Unternehmen, wobei sich die Größenkriterien an den AGs der jeweiligen Marktkapitalisierung orientieren. Hierzu gibt es eine Formel, aus welcher sich im Anschluss der jeweilige Börsenwert eines Unternehmens ableiten lässt. Im MDAX werden Firmen mit einer Marktkapitalisierung von ca. 500 Mio. Euro bis hin zu 2 Milliarden Euro aufgenommen. Bereits seit 1996 bildet der MDAX die Mid Caps in Deutschland und damit den wohl bekanntesten Nebenwert ab.

Für etwas risikobereitere Anleger können die Unternehmen des MDAX lohnenswert sein, da diese oftmals noch nicht von der breiten Masse ins Auge gefasst wurden. Daher können möglicherweise etwas höhere Renditen in Aussicht stehen, allerdings verbunden mit einem etwas größeren Risiko als bei den eher nicht so volatilen Standardwerten des DAX. Besonders, wenn Sie als Investor von der Grundidee eines Unternehmens überzeugt sind und langfristig an den Erfolg der Firma glauben, sollten Sie sich mit dem MDAX detaillierter befassen. Allerdings sind einige der Unternehmen des MDAX eher spezialisiert auf ein bestimmtes Produkt oder eine andere Nische.

Damit geht ein größeres Risiko einher, da bei einem nachlassenden Interesse an einem bestimmten Produkt die Firma möglicherweise große Verluste machen wird. Grundsätzlich empfiehlt es sich, dass Sie die Unternehmen des MDAX nicht ausschließlich in Ihr Portfolio einbauen, sondern diese mit relativ geringen prozentualen Anteilen einstreuen. Dadurch verhindern Sie ein zu hohes Risiko und können trotzdem von den möglichen größeren Kursgewinnen profitieren. Letztlich gibt es noch den SDAX, welcher wiederum etwas kleinere Unternehmen als die des MDAX beinhaltet. Es sind dort 50 Werte eingebaut, welche bezüglich ihrer Marktkapitalisierung und ihres Orderbuchumsatzes kleiner sind als bei den anderen Indizes. Die Unternehmen sind hierbei aus völlig verschiedenen Sparten, bei denen die jeweiligen Branchen von Industrie bis Finanzleistungen enthalten sind.

Zu den drei bekannteren Indizes gibt es noch zwei weitere, welche für Sie von Relevanz sein könnten – den ÖkoDAX und den TecDAX. Im ÖkoDAX werden Unternehmen, welche ihr Augenmerk auf erneuerbare Energien und insgesamt auf den Schutz der Umwelt richten, gelistet. Diese Aktiengesellschaften konzentrieren sich auf die Gewinnung gesunder Energiequellen aus Wind, Sonne, Biomassen, Wasser und vieles mehr. Dem Index wird ein rasant steigendes Interesse beigemessen. Die Gründe hierfür sind vielschichtig und basieren zum Großteil auf dem aktuellen gesellschaftlichen Umdenken. Gerade dadurch, dass es viele junge Anleger während der Corona-Pandemie an die Börse getrieben hat, haben die auf Nachhaltigkeit konzipierten Unternehmen einen großen Zuspruch erhalten.

Denn bei der Vielzahl der Menschen findet ein Prozess des Umdenkens statt. Viele wollen nachhaltige Unternehmen unterstützen und deren Ressourcen fördern – sozusagen Geld anlegen und etwas Gutes tun. Man entfernt sich immer weiter davon, dass an der Börse nur gierige Menschen aktiv handeln und ihr Geld auf der Basis des eigenen, oft egoistischen Interesses investieren.

Die Menschen verkoppeln, dass Thema des Anlegens, nun mit der eigenen Altersvorsorge und generell der Hoffnung, durch ihr Zutun etwas verändern zu können. Wenn es dabei noch möglich wird, dass man dies tut und dabei nicht den eigenen Werten und Überzeugungen widerspricht, so ist dies für viele Investoren sehr reizvoll. Merken Sie sich, dass der ÖkoDAX Ihnen einen transparenten und auch liquiden Einblick in den deutschen Sektor der erneuerbaren Energien liefert. Bezüglich der enthaltenen Unternehmen des Index wird deren Zusammensetzung einmal pro Quartal neu überprüft und gegebenenfalls angepasst, wodurch Sie einen aussagekräftigen Basiswert erhalten. Allgemein sorgt dieses Umdenken auch dafür, dass möglicherweise etablierte, allerdings noch nicht nachhaltig denkende Firmen zum Umdenken angeregt bzw. gezwungen werden, da diesen durch das fehlende Anlageinteresse an ihrer Firma letztlich auch weniger finanzielle Mittel zur Verfügung stehen und deshalb an Konkurrenzfähigkeit einbüßen müssen.

Der letzte für Sie möglicherweise relevante Index, welchen ich Ihnen vorstellen möchte, ist der TecDAX. Dieser orientiert sich nicht ausschließlich an deutschen Unternehmen, sondern bezieht auch ausländische Unternehmen in den Index mit ein.

Dort werden die 30 größten Werte der Technologiebranche aufgeführt, allerdings mit einer größeren Gewichtung auf deutsche Unternehmen. Das Ziel des Index ist es, die allgemeine Entwicklung der Technologieaktien in Deutschland darzustellen. Allgemein konzentriert sich dieser Index auf eher kleine bis mittelgroße Aktienwerte im Verhältnis zu den Standardwerten des DAX.

Aktien

WAS IST DAS?

Eine Aktie ist ein Wertpapier in verbriefter Form, durch dessen Erwerb Ihnen Anteile an einer Aktiengesellschaft zugesichert werden. Sie werden zum Miteigentümer am Unternehmen selbst. Der Wert einer Aktie kann aus verschiedenen Blickwinkeln begutachtet werden. Unter dem sogenannten Börsenwert wird der Wert aller Aktien eines Unternehmens summiert, wodurch der Börsenwert einer gewissen Volatilität unterliegt.

Je nachdem, ob der Kurs gerade steigt oder sinkt, so verändert sich der Wert. Im Gegensatz dazu hat der sogenannte Nennwert einer Aktie einen festen Wert und bezeichnet das ursprüngliche Kapital der jeweiligen Aktiengesellschaft, welcher auf die Aktionäre zunächst aufgeteilt wurde. Anzufügen ist, dass es grundsätzlich keine Rolle spielt, ob ein Unternehmen an der Börse notiert ist oder nicht, jeder Anteilseigner ist letztlich ein Aktionär.

Zum Beispiel kann dies zum Tragen kommen, wenn die Anteile einer Aktiengesellschaft nicht an den freien Kapitalmärkten zum Handel stehen. Der Wert einer Aktie im aktiven und offenen Handel bezieht sich jedoch weder auf den Nenn- noch auf den Börsenwert einer Aktie. Er bezieht sich immer auf den aktuellen Kurs des Wertpapieres, welcher sich grundsätzlich nach Angebot und Nachfrage richtet. Der Wert bezieht sich darauf, zu welchem Preis ein Anteil den Besitzer wechselt. Somit ergeben sich aus einer steigenden Kaufnachfrage auch steigende Aktienkurse, ein Anteil wird letztlich teurer. An der Börse wird letztlich somit die erwartete Veränderung in der Zukunft gehandelt, also die Entwicklung eines Unternehmens, einer Branche, einer Währung etc. in den nächsten Monaten und Jahren.

WARUM GEHT EIN UNTERNEHMEN AN DIE BÖRSE?

Grundsätzlich verfolgt ein Unternehmen mit dem Gang an die Börse die Erhöhung von Ressourcen und letztlich Kapital zum Reinvestieren und Expandieren. Hierzu stellt es den Investoren Anteile, meist in Form von Aktien, zur Verfügung, um an mehr Eigenkapital zu kommen. Unter einem Investor ist laut dem Duden „eine Person, Firma oder Ähnliches verstanden, die investiert, also das Kapital anlegt".

Durch den Verkauf von Anteilen erhält ein Unternehmen mehr Kapital, welches es zur Expansion oder zur Forschung für die weitere Entwicklung erhält. Gerade für das tägliche Geschäft können die neu generierten Ressourcen von großer Bedeutung sein. Dadurch wird ein Unternehmen konkurrenzfähiger und letztlich für eine gut geleistete Arbeit belohnt, indem die Nachfrage nach den Anteilen steigt und somit die Ressourcen für das Unternehmen an Wert gewinnen. Die an der Börse notierten deutschen Unternehmen werden über die Deutsche Börse AG reguliert. Dies wird in der Exekutive durch Handelssysteme wie Broker etc. durchgeführt, zum Beispiel durch Handelsplattformen wie die Xetra.

WEM GEHÖRT EINE AKTIE UND WELCHE ARTEN VON AKTIEN GIBT ES?

Wer eine Aktie von einem Unternehmen kauft, wird zum Mitbesitzer, auch als Anteilseigner bezeichnet. Dieser erwirbt durch den Kauf verschiedene (Mitsprache-) Rechte an der jeweiligen Aktiengesellschaft.

Die Rechte des Anteilseigners unterscheiden sich und sind letztlich abhängig davon, ob derjenige Vorzugs- oder Stammaktien an der Firma erworben hat. Denn eine Vorzugsaktie beinhaltet kein Stimmrecht für die Jahreshauptversammlung. Allerdings entschuldigt sie dies, indem die Dividende meist höher dotiert ist als bei einer Stammaktie. Diese beinhaltet nämlich auch das Mitsprache- bzw. Stimmrecht und nicht lediglich die Teilnahme an einer Jahreshauptversammlung. Dadurch ist es den Anteilseignern möglich, dass sie an dem Unternehmen partizipieren können und somit das Geschehen auch nach ihren Interessen mitgestalten können.

Bei den Anteilen, welche Unternehmen an der Börse zum Handel zur Verfügung stellen, gibt es verschiedene Aktienarten. Letztlich differenzieren diese sich auf der Basis der unterschiedlichen Kontrolle über die jeweiligen Mehrheitsverhältnisse eines Unternehmens. Grundsätzlich gilt, dass sich ein Anleger beim Kauf eines Anteiles verschiedene Rechte zusichert. Dabei gibt es Unterschiede, welche mit der Menge der gekauften Aktien verbunden sind. Je mehr Anteile ein Aktionär oder eine Investorengruppe von einem Unternehmen gekauft hat, desto mehr Rechte werden diesen zuteil und die rechtliche Situation verändert sich. Mit steigender Anteilshabe an einer Firma steigt gleichzeitig auch das Mitsprachrecht. Hierbei hat das Unternehmen zu Beginn die Möglichkeit, dies vor dem Börsengang zu steuern. Somit kann es entscheiden, wie viel Entscheidungskraft es durch die Freigabe von Anteilen abgeben will. Deshalb gibt es die verschiedenen Arten von Aktien, welche sich von Namensaktien bis zu vinkulierten Namensaktien erstrecken.

❖ **Namensaktie:** Diese ist gebunden auf eine Person. Hierbei werden die demografischen Daten des Anlegers aufgenommen und in das Aktienregister eingetragen, sodass ein Beleg bzw. Nachweis für den Besitztum der Anteile vorhanden ist. Wenn sich nun der Besitzer des Wertpapieres für den Verkauf seiner Aktien entscheidet, so wird der Eintrag im Aktienregister gelöscht und der neue Anteilseigner der Wertpapiere wird in das Aktienregister eingetragen. Sie als Anleger müssen sich hierbei nicht um das Eintragen oder Austragen aus dem Register bemühen. Denn dies wird in Deutschland grundsätzlich von ihrer jeweiligen Depot-Bank übernommen. Grundsätzlich geht es hierbei um den bürokratischen Beleg und darum, als Unternehmen den Überblick zu behalten, gerade in Betracht auf die großen Aktionäre und deren Einfluss auf die Firma.

❖ **Vinkulierte Namensaktie:** Bei diesen muss ein Unternehmen bei einem Verkauf zustimmen. Dadurch sichert sich die Firma die Kontrolle darüber zu, wie die Struktur der Anteilseigner aufgebaut ist. Letztlich ist das Unternehmen auch gesetzlich für diese Regulierung zuständig bei vinkulierten Namensaktien. Für die heutige Zeit ist vor allem der Aspekt, dass aus Sicherheitsgründen dadurch technische Transfers von den Anteilen verhindert werden, wichtig. Hierzu agiert die Bundesrepublik Deutschland als kontrollierende Instanz.

❖ **Inhaberaktie:** Hier ist der Handel der Aktie immer anonym und kann uneingeschränkt mit den gekauften Wertpapieren vollzogen werden. Es entfällt die Ein- und Austragung in das Aktienregister und somit die Dokumentation. Dadurch hat das Unternehmen den Nachteil, dass es nicht überprüfen kann, wem welche und wie viele Anteile zustehen. Wenn nun ein großer Investor Aktien an einem Unternehmen erwirbt und eine Grenze von 25 % Prozent aller Anteile überschreitet, so besitzt er die sogenannte „Sperrminorität". Hiernach eröffnet sich dem Investor die Möglichkeit eines Mitbestimmungsrechtes, welches sich bis hin zu einem Veto erstrecken kann.

Diese Rechte können dann an der Jahreshauptversammlung eingesetzt und eingefordert werden. Somit kann ein Investor Veränderungen an der Satzung des Unternehmens vornehmen und auch die Fusionierung mit anderen Gesellschaften beispielsweise in Frage stellen. Großanleger haben die Möglichkeit, neue Abstimmungen einzuberufen und bei einem nicht Erreichen einer qualifizierten Mehrheit, welche bei 75 % Prozent aller Stimmen liegt, das geplante Vorhaben platzen zu lassen.

Aufgrund des nicht zu überschauenden Ausmaßes, welches Inhaberaktien mit sich bringen, haben bereits einige Nationen entschieden, diese von der Börse zu nehmen bzw. zu verbieten. Denn gerade vermögende Aktiengesellschaften haben in der Vergangenheit den Markt legal beeinflussen können.

Eine Aktiengesellschaft beschreibt zunächst das Bündeln von Kapital, weshalb sie auch als eine Kapitalgesellschaft betitelt werden könnte, und unterliegt nur einer beschränkten Haftung, ähnlich, wie es bei GmbHs der Fall ist. Um eine Aktiengesellschaft zu gründen, werden 50.000 € benötigt, welche grundsätzlich vollständig als Aktien veräußert werden dürfen. Die Größe einer Aktie wird hierbei von der jeweiligen Aktiengesellschaft entschieden und auch die Menge der frei zu handelnden Geschäftsanteile obliegen der Firma. Die dem Handel zur Verfügung gestellten Anteile werden an der Börse als „free float" beschrieben. Grundsätzlich lohnt sich allerdings die Herausgabe von Anteilen für die meisten Unternehmen, da die Ausgabe der Aktien unter dem Eigenkapital bilanziert werden können. Somit muss für die Steigerung des Kapitals um keine anderweitige Institution gebeten werden, an welcher das erhaltene Geld wieder zurück bezahlt werden muss.

Da Unternehmen mit dem Verkauf ihrer eigenen Anteile, auch verschiedene Befugnisse an ihre Anleger ausgeben, verlieren sie möglicherweise an Entscheidungskraft bezüglich der eigenen Unternehmensentscheidungen. Aus diesem Grund kaufen einige Firmen eigene Anteile wieder zurück, nachdem eine weitere Generierung von Eigenkapital nicht mehr von Nöten ist. Dadurch erhält das Unternehmen wieder die Kontrolle über die eigenen Aktivitäten zurück.

Eine Aktiengesellschaft besteht immer aus einem Vorstand, welcher wiederum von einem weiteren Organ, dem sogenannten Aufsichtsrat, kontrolliert wird. Diesem wird die Aufgabe zuteil, dass das Unternehmen überwacht und reguliert wird. Er ist verantwortlich für die Prüfung der Jahresabschlüsse, welche vom jeweiligen Vorstand eines Unternehmens vorgelegt werden. Die Aktionäre wiederum können Sie sich als ein beschließendes Organ vorstellen, welches über die Beschlüsse des Vorstandes an einer Jahreshauptversammlung oder sonstigen Umfragen entscheidet.

Die verschiedenen Aktiengesellschaften haben grundsätzlich aufgrund der Bandbreite an Unternehmen an der Börse einen hohen Wettbewerb untereinander. Deshalb stellen viele den Anlegern besondere Reize bereit, damit die Investoren sich für das Unternehmen entscheiden. Oft gestaltet sich dieser Anreiz durch Dividenden, welche den Anlegern geboten werden.

DIVIDENDE

Eine Dividende ist eine Gewinnbeteiligung am Erfolg eines Unternehmens in der Vergangenheit. Die Aktionäre werden an den positiven Entwicklungen einer Firma beteiligt. Grundsätzlich hängt die Höhe der Dividende stets von der wirtschaftlichen Leistungsfähigkeit einer Firma ab. Letztlich gilt, wenn ein Unternehmen diese auszahlen möchte, so werden die liquiden, also frei verfügbaren finanziellen Mittel vermindert.

An der Jahreshauptversammlung stellt der Vorstand einen begründeten Vorschlag für die Höhe der Dividende vor, über welchen nun die Aktionäre und Eigentümer des jeweiligen Unternehmens abstimmen. Das bedeutet in der Praxis allerdings nicht, dass die Aktionäre sagen, dass viel mehr Geld ausbezahlt werden soll, denn das könnte dem Unternehmen langfristig schaden, meist sind sich Vorstand und Anleger relativ einig über die Dividende.

Grundsätzlich bedeutet es aber nicht, dass, je höher die Dividende ist, das Unternehmen desto erfolgreicher bzw. besser ist. Ein Richtwert für eine solide Dividendenrendite ist ein Wert von ca. 2,5 % bis 3 % Prozent jährlich. Dabei sollte der Gewinn aus einem aktuellen Jahr bezogen sein, damit die Rede von einem nachhaltigen Unternehmensgewinn sein kann. Diese Strategie nennt sich die Value Investing Strategie, welche unter anderem von Börsenlegenden wie Warren Buffett praktiziert wird.

Bei den Dividenden- sowie anderen Wertpapieren wird unterschieden in thesaurierende und ausschüttende Aktien.

Thesaurierende Aktien
Hierbei werden die gemachten Gewinne nicht an die einzelnen Anleger ausgeschüttet, sondern direkt in das jeweilige Unternehmen reinvestiert. Somit kommt es zum Zinseszinseffekt im Unternehmen selbst und somit zu einem schnelleren Entwicklungspotential bei der Firma.

Aus diesem Grund, sowie weiteren steuerlichen Ersparnissen, sind thesaurierende Aktien auch für die langfristige Vermögensbildung von großem Wert. Durch die Einbehaltung der Gewinne und die stetige Reinvestition hat das Unternehmen mehr Kapital zur Verfügung und aus diesem Grund einen Wettbewerbsvorteil gegenüber ausschüttenden Aktien.

Ausschüttende Aktien
Je nachdem, welche Strategie ein Anleger verfolgt, so gibt es neben den thesaurierenden Aktien noch die ausschüttenden. Bei diesen können die Anleger mit regelmäßigen Kapitalerträgen bei ihren Anlagen rechnen und profitieren innerhalb kürzerer Zeitabschnitte bereits von ihren gemachten Investments.

Die direkt ausgezahlten Dividenden werden hierbei in zuvor festgelegten Zeitabschnitten ausgezahlt und variieren je nach Erfolg eines Unternehmens. Grundsätzlich können Sie als Anleger daher profitieren und sich somit ein passives Einkommen aufbauen, ohne die getätigte Investition aufzulösen.

DAS IPO

Wörtlich übersetzt bedeutet es „erstmaliges öffentliches Anbieten" und leitet sich aus dem Englischen „Initial Public Offering" ab. An der Börse wird es üblicherweise als sogenannte Neuemission betitelt. Wenn ein Unternehmen an der Börse gehandelt werden möchte, also Anteile von sich zum freien Handel bereitstellen möchte, so muss ein IPO durchgeführt werden.

Früher war ein IPO ein wahres Ereignis und bot oftmals eine gute Möglichkeit, Anteile an einem Unternehmen sehr günstig zu erhalten. Deshalb erhofften sich die Anleger bei einem IPO schnell hohe Gewinne und hofften, dadurch schnell an Geld heranzukommen. An der Börse brachten IPOs aber auch einige Risiken mit, da sich dort letztlich ausschließlich die Unternehmen halten können, welche einen langfristigen Erfolg verbuchen können.

Sie müssen verschiedene Innovationen mit sich bringen, besser als die Konkurrenz abschneiden und generell ein qualifiziertes, organisiertes und gut strukturiertes Management mitbringen. Eine Neuemission eignet sich jedoch trotzdem gut für ein Unternehmen, um erfolgreich an neue Ressourcen heranzukommen, ohne einen Kredit aufnehmen zu müssen. Die dadurch neu entstandenen finanziellen Mittel können wiederum in neue Entwicklungen und ein allgemeines Wachstum des Unternehmens befördern.

WIE BILDET SICH EIN AKTIENKURS UND WARUM VERÄNDERN DIESER SICH STETIG?

Im Folgenden Abschnitt werden Sie etwas tiefergehend in die Bildung eines Aktienkurses hineingeführt. Dies kann in der täglichen Umsetzung durchaus von Bedeutung werden. Denn ein Aktienkurs verändert sich jeden Tag und darüber sollte sich jeder Aktionär bewusst sein. Grundsätzlich basiert diese Volatilität auf vielen verschiedenen Ursachen, sodass selbst die erfahrensten Börsianer die Gründe für die Veränderungen der Kurse nicht immer nachvollziehen können.

Der Kurs eines Wertpapieres basiert in den meisten Fällen auf der Basis von rationalen Entscheidungen und Überlegungen der Aktionäre, meistens zumindest. Denn an der Börse geht es hektisch zu. Sie ist manchmal sehr schnelllebig. Wenn sich negative Nachrichten oder sonstige Ereignisse auf ein an der Börse notiertes Unternehmen beziehen, so verlieren viele Anleger schnell den Kopf und verkaufen ihre Depotwerte innerhalb von kürzester Zeit.

Theoretisch könnte dies den Vorteil haben, dass Sie als Anleger einen starken Fall eines Kurses durch das Nachziehen der breiten Masse vermeiden. In der Praxis bewahrheitet es sich meistens, in hektischen Zeiten einen klaren Kopf zu behalten und sich nicht von den schnellen Marktbewegungen täuschen zu lassen. Ganz im Gegenteil, Börsenlegenden wie Beate Sander betonten in der Vergangenheit immer wieder, „Kaufen sie, wenn andere verkaufen, verkaufen sie, wenn andere kaufen". Diese Anlagestrategie der gegensätzlichen Marktbewegung werden Sie in späteren Kapiteln noch kennenlernen.

Allerdings ist an dieser Börsenweisheit schon etwas dran, denn oft ändert sich durch eine kurzfristige Nachricht bezüglich eines Unternehmens, nicht deren substantielle Arbeit im Allgemeinen. Deshalb bieten die kurzfristigen Marktbewegungen auch immer Chancen für risikobereite Anleger, welche bereit sind, möglicherweise in das offene Messer hineinzugreifen – „Buy the dip".

Vereinfacht ausgedrückt ist für die letztliche Bildung eines Aktienkurses ein spezielles Computerprogramm verantwortlich. Hierfür werden die eingegangenen Anträge, welche auf der Kauf- und Verkaufsseite in einem Orderbuch festgehalten wurden, gegenübergestellt. Das Ziel des Computerprogrammes ist es, einen möglichst großen Umsatz zu erwirtschaften. Letztlich wird aus dem Vergleich der Aufträge festgestellt, zu welchem Kurs wie viele Aktien umgesetzt werden können. Das heißt, dass Ihnen als Käufer der jeweils günstigste Preis angeboten wird und auf der Verkaufsseite der teuerste Verkaufspreis. In der Börsensprache ausgedrückt, werden die aufgegebenen Order als „billigst" oder „bestens" abgegeben.

Indem Sie das Feld anklicken bei Ihren Handelsaktivitäten, so akzeptieren Sie zunächst jeden Preis. Wenn Sie eine Aktie zum Beispiel sehr schnell verkaufen möchten und dieses Feld verwenden, akzeptieren Sie die Preise, welche das Programm errechnet und unter „billigst" oder „bestens" festhält. Grundsätzlich gibt es auch im Ankauf oder Verkauf von Wertpapieren verschiedene Möglichkeiten. Sie können beispielsweise auch mit limitierten Orders arbeiten. Bei dieser werden aus Verkäufersicht Ihre Wertpapiere nur verkauft, wenn sich der Verkaufspreis in einem von Ihnen zuvor festgelegten Segment bewegt.

Dasselbe gibt es auch bei der Kaufseite, wo Sie einstellen können, dass Sie, wenn ein Kurs einen bestimmten Wert hat, die Wertpapiere nur zu diesem kaufen. Des Weiteren gibt es noch sogenannte „Stop-Buy" oder „Stop-Loss" Aufträge, welche allerdings keine Auswirkungen auf die Kursschwankungen haben. Durch das Einstellen dieser Optionen können Sie auf die kurzfristige Volatilität des Marktes besser reagieren. Durch „Stop-Loss" können Sie Wertpapiere verkaufen, welche Sie bereits besitzen, wenn diese innerhalb eines bestimmten Zeitraumes unter einen zuvor bestimmten Kurswert sinken.

Somit können Sie Ihre eigenen Verluste begrenzen. Merken Sie sich, dass bei Aktienkursen zunächst einige verschiedene Zusammenhänge die Veränderung des Kurswertes begründen. Letztlich treffen auch hier Angebot und Nachfrage aufeinander. Denn je nachdem, in welcher Position Sie sich gegenüber einem Unternehmen oder einem Wertpapier befinden, verändern sich Ihre Interessen über Ihre eigenen Wertpapiere.

Aus diesem Grund ist es beinahe unmöglich, den Verlauf von Aktienkursen detailliert zu analysieren bzw. zu prognostizieren. Denn Sie können nicht die Meinungen aller Aktionäre zunächst kennen und auf dieser Basis die Interessen der Marktteilnehmer ausfindig machen.

AKTIENGEWINNE UND STEUERN

Die überwiegenden Informationen wurden von der Internetseite der Deutschen Börsen AG entnommen. Grundsätzlich wird bei unbeschränkt steuerpflichtigen Kunden der Handel mit Wertpapieren dem Privatvermögen zugeordnet. Dabei ist die Besteuerung in der Bundesrepublik Deutschland etwas verstrickter und für Laien nur schwer zu verstehen. Grundsätzlich müssen Sie als Privatanleger Ihren Handel an der Börse nach dem deutschem Gesetz versteuern.

Dies bezieht sich vor allem auf Ihre Gewinne und Verluste aus dem Handel mit Wertpapieren. Die hier folgenden Informationen beziehen sich auf den Stand gemäß dem 20.04.21. Dies muss betont werden, da sich die steuerlichen Aspekte des Handels in einem stetig wandelnden Prozess befinden. In Deutschland müssen grundsätzlich die steuerpflichtigen Bürger ihr Einkommen aus Kapitalerträgen versteuern. Diese anfallenden Zahlungen werden als sogenannte Kapitalertragssteuer betitelt. Diese fällt auch beispielsweise bei Dividenden und sonstigen Gewinnen durch Zinsen etc. aus den jeweiligen Investitionen, Stillhalterprämien und sonstigen Veräußerungen an.

Allgemein müssen Sie mit einer pauschalen Versteuerung von 25 % auf Ihren gemachten Gewinn rechnen. Hierzu kommen zudem noch der Solidaritätszuschlag und üblicherweise die Kirchensteuer, sodass ca. 5,5 % nochmals auf Ihren Gewinn anfallen. Allgemein können Sie sich als steuerpflichtige Person in Deutschland, welche einem niedrigeren Grenzsteuersatz unterliegt, die Differenz zwischen der einbehaltenen

Kapitalertragssteuer und dem jeweils geltenden Steuersatz ihres Finanzamtes erstatten lassen. Dies wird als sogenannte Günstigerprüfung bezeichnet. Hinzu kommt die Möglichkeit, einen Freistellungsauftrag bei Ihrer Depotbank einzureichen. Diese erlaubt Ihnen einen pauschalen Sparfreibetrag von 801 € jährlich.

Das heißt, dass Sie Ihre gemachten Gewinne aus den Wertpapieren und Co. ohne die Zahlung der Kapitalertragssteuern beziehen können. Wenn Sie zudem noch in einer eingetragenen Lebenspartnerschaft oder verheiratet sind, so erhöht sich dieser Freibetrag auf 1602 € pro Jahr. Die Abgeltungssteuer wird normalerweise vom jeweils zuständigen kontoführenden und inländischen Kreditinstitut oder Finanzdienstleistungsinstitut einbehalten. Wenn Sie einen ausländischen Anbieter für Ihren Handel an der Börse verwenden, so müssen Sie Ihre Erträge, Gewinne aus Rückzahlungen, sonstige Veräußerungen und Einlösung bzw. Abtreten in Ihrer Einkommenssteuererklärung angeben. Dann wird das Finanzamt im Rahmen der jeweiligen Veranlagung diese Erträge mit den Grundsätzen der Abgeltungssteuer belegen.

Auch Kapitalvermögenswerte bei aus- und inländischen Gesellschaften zählen zu der zu versteuernden Masse hinzu. Des Weiteren zählen die jeweils gemachten Verluste und Gewinne aus dem Verkauf von Aktien seit dem 31.12.2008, unabhängig ihrer Haltedauer, zu den zu versteuernden Einkünften des Kapitalvermögens. Die Errechnung der gemachten Verluste und Gewinne ergibt sich bei einem Unternehmen aus den verbuchten Einnahmen und den hierfür notwendigen Veräußerungen, nach Abzug der jeweiligen Aufwendungen.

Diese müssen jedoch im unmittelbaren Zusammenhang mit den vollzogenen Veräußerungsgeschäften stehen. Hier können auch die bezahlten Anschaffungskosten sowie Nebenkosten eingerechnet werden. Bezüglich Unternehmen, welche nicht den Euro als Währung führen, gilt, dass die jeweiligen Einnahmen zum Veräußerungszeitpunkt sowie die zugehörigen Anschaffungskosten zum Zeitpunkt der Anschaffung in Euro umzurechnen sind. Wenn Sie Verluste aus den jeweiligen Veräußerungen von Aktien gemacht haben, so können Sie diese im Rahmen der Abgeltungssteuer mit Gewinnen anderer Aktien verrechnen.

Merken Sie sich, dass Sie Verluste aus Ihrem Kapitalvermögen mit den Gewinnen aus einem Verkauf von Aktien uneingeschränkt miteinander verrechnen können, um steuerliche Vorteile erhalten zu können. So können Sie laut der Deutschen Börse AG ab dem 01.01.2020 „Verluste aus der Uneinbringlichkeit einer Kapitalforderung, aus der Ausbuchung wertloser Wirtschaftsgüter im Sinne des §20 Abs. 1 EStG bzw. deren Übertragung auf einen Dritten oder aus einem sonstigen Ausfall von diesen Wirtschaftsgütern, nur mit Einkünften aus dem Kapitalvermögen bis zur Höhe von 10.000€ Euro ausgeglichen werden". Es ist von großer Bedeutung, dies jedes Jahr zu tun, da Sie nicht verrechnete Verluste nicht auf das folgende Jahr übertragen können.

GRÜNDE, IN AKTIEN ZU INVESTIEREN

Ein Blick in die Vergangenheit macht deutlich, welchem Wandel sich die Anlagemöglichkeiten für Privatanleger unterzogen waren. Wer sich heute Zinsen auf die Einlagen erhofft, der muss sich von seinen früheren Gewohnheiten trennen. Während es vor der Finanzkrise im Jahr 2008 gute Zinsen auf Sparbücher und sonstige Konten bei der eigenen Hausbank gab, so stehen den Anlegern heute bei ihren Konten keine bzw. nur minimale Renditen in Aussicht.

Damals nutzten die Banken das ihnen anvertraute Geld und reinvestierten dieses an der Börse bzw. an den Finanzmärkten. Aufgrund der sich veränderten Politik – Stichwort Nullzinspolitik – können die Banken dies heutzutage nicht mehr in Kombination mit der Auszahlung von Zinsen an ihre Kunden verbinden. Deshalb müssen Anleger an der Börse aktiv werden, wenn sie sich einen Gewinnertrag aus einer Investition erhoffen. Aufgrund der herrschenden Inflation verlieren sogar diejenigen, welche ihr Vermögen tatenlos auf der Bank liegen haben, sogar an Kaufkraft. Gleichzeitig stehen diesem schrumpfenden Vertrauen und den generellen Einlagen bei der Hausbank ein langfristig positiver Aktienmarkt gegenüber.

Grundsätzlich sind diese Einlagen allerdings nicht wie bei einer Bank abgesichert. Bei den altbekannten Hausbanken waren Einlagen bis zu 100.000 € durch den europäischen Einlagensicherungsfonds abgesichert. Dies ist an der Börse etwas anders, denn wenn der Kurs fällt, so sinkt das Vermögen des Anlegers. Allerdings lässt sich über die letzten Jahre eindeutig der Trend feststellen, dass Anleger mit einem eher konservativen Anlagestil, zumindest auf lange Sicht, durchaus mit stabilen Renditen und somit der Erhöhung des eigenen Vermögens rechnen können, wenn sie ihr Geld an den Finanzmärkten anlegen. Früher wurden viele Anleger abgeschreckt vom grundsätzlich negativen Bild der Börse bzw. der Finanzbranche. Dies steht im klaren Wandel und die Börse orientiert sich nicht mehr ausschließlich an Experten, sondern öffnet Möglichkeiten für die Mehrzahl der Gesellschaft.

Allgemein wird es dem Anleger heute leichter denn je gemacht, um an der Börse zu partizipieren. Mit der Digitalisierung erleichterte sich der Zugang zur Börse für Privatkunden massiv und immer mehr Menschen nehmen dies auch in Anspruch. Wie Sie bereits erfahren haben, steht die deutsche Gesellschaft vor einem langfristigen demografischen Wandel.

Die Höhe der Rentenzahlungen nimmt rapide ab und wird langfristig nicht mehr ausreichen, um den eigenen Lebensunterhalt im Alter stemmen zu können. Deshalb ist es ein Muss, für das Alter vorzusorgen. Dies erkennen immer mehr junge Anleger, welche sich oftmals mit eher kleinen Sparraten daran wagen, für ihre eigene Altersvorsorge aufkommen zu können bzw. einen Beitrag hierzu leisten zu können. Ein weiterer Grund für Anleger ist es, dass sie aus der Kombination von Zinsen und gleichzeitig der Unterstützung von Unternehmen und Branchen, welche im Einklang mit ihren persönlichen Werten stehen, unterstützen können.

So profitieren besonders die Unternehmen, welche ihren Schwerpunkt auf Nachhaltigkeit und erneuerbare Energien setzen. Denn die Menschheit muss sich verändern, um dem schleichenden Geschehen des Klimawandels gerecht zu werden. Auch Sie als Anleger können zur Verbesserung des ganzheitlichen Geschehens beitragen, indem Sie sich darauf konzentrieren, nachhaltige Firmen zu fördern. In diesen bevorstehenden Wandel müssen zudem auch diejenigen Unternehmen nachziehen, welche in kritischen Branchen bezüglich des Klimas arbeiten. Denn die Unterstützung der Anleger nimmt langfristig an diesen Aktiengesellschaften ab und ein Umdenken wird für die Firmen unausweichlich sein, um weiterhin konkurrenzfähig bleiben zu können.

WIE VIEL GELD SOLLTEN NEULINGE AN DER BÖRSE INVESTIEREN?

Diese Frage stellen sich besonders jüngere oder generell unerfahrene Anleger. Grundsätzlich hat sich dies in der näheren Vergangenheit auch stark verändert. Während früher abgeraten wurde von kleineren Investitionen, aufgrund von hohen Gebühren beim An- und Verkauf von Aktien, so hat sich dies in der heutigen Zeit vollständig gewandelt.

Heutzutage bieten einige Online-Direktbanken und Broker den Handel für Anleger und speziell ausgerichtet für Neulinge an der Börse zu sehr kostengünstigen Konditionen an. Durch die Digitalisierung wurden immer weitere neue Depotbanken etabliert. Diese stehen heute in großer Konkurrenz zueinander, weshalb diese auch bezüglich der Kundenfreundlichkeit Aufbesserungsbedarf hatten und die Gebühren senken mussten (genaueres später). Fakt ist, dass das Anlegen bei vielen Anbietern bereits ab Kleinstbeträgen von einem Euro möglich ist. Das heißt im Umkehrschluss, dass es grundsätzlich auch Menschen mit einem sehr geringen Vermögen oder Einkommen möglich ist, dass sie an der Börse mit dem aktiven Handel beginnen.

Grundsätzlich empfiehlt es sich für Neulinge, an den Finanzmärkten ausschließlich mit Geld zu handeln, welches das alltägliche Leben nicht beeinflusst bzw. keine negativen Folgen, im Falle von Verlusten, nach sich zieht. Jeder Anleger muss seine eigenen Grenzen festlegen, zu pauschalisieren fällt schwer. Denn selbst, wenn Sie nur einen sehr geringen Prozentsatz Ihres Vermögens an der Börse anlegen, so ist es möglich, dass Sie ein schlechtes Gefühl bei der Anlage haben. Die Grundregel ist: Solange Sie sich wohlfühlen mit dem angelegten Betrag, ist alles in Ordnung. Das Gefühl variiert von Mensch zu Mensch.

Planung der Geldanlage in Aktien und Infos über die Börse

DAS THEMA SPAREN (BÖRSE FÜR EINSTEIGER)

Sie haben bereits einiges über den Wandel bezüglich des Themas des Sparens in Erfahrung bringen können. Sie wissen um die Gründe, warum viele jüngere Anleger sich an den Finanzmärkten an der Börse aktiv beteiligen. Zudem haben Sie einen allgemeinen Einblick in die Relevanz des Sparens bzw. die allgemeine Vorsorge für das Alter erhalten. Sie kennen die Gründe der Inflation und Nullzinspolitik und haben insgesamt eine gute Basis, in die Praxis des Vermögensaufbaus durch Aktien für Einsteiger zu starten.

Denn wichtig ist, je später Sie sich mit diesem Thema auseinandersetzen, desto schwieriger wird der langfristige Erfolg. Anzufügen ist, dass sich die Höhe der Inflation, welche von den Notenbanken reguliert wird, auf der Berechnungsbasis der Zahlen und Ergebnisse des Verbraucherpreisindex berechnen. Dieser bezieht über 600 Dienstleistungsprodukte und Güter ein und errechnet die benötigte Inflation. Das heißt, dass das alltägliche Leben teurer wird als im Jahr zuvor. Orientiert an dem Verhalten der Konsumenten und deren Lebensgewohnheiten werden Sie sich mit dem Thema beschäftigen müssen. Um Ihr Wissen ganzheitlich weiter zu fördern, ist es von Bedeutung, dass Sie auch das Gegenstück der Inflation kennenlernen, um mit den gewonnenen Kenntnissen Ihren gesamtheitlichen Blick auf die Finanzbranche zu verbessern, und eigene Schlüsse für Ihr Verhalten als Konsument herausbilden.

Deflation

Gemäß der Bundeszentrale für politische Bildung ist die Deflation ein Prozess von Senkungen der Preise in der Volkswirtschaft. Sie liegt dann vor, wenn der gesamten Gütermenge eine zu niedrige Geldmenge entgegenkommt, also wenn die Nachfrage geringer ist als das Angebot der gesamten Volkswirtschaft. Das bedeutet, wenn eine zu große Verringerung der Geldmenge bzw. dessen Wertes vorliegt, dass keine Käufer für die Produkte vorhanden sind.

Dies ist so zwischenzeitlich geschehen in der Öl-Krise. Denn die internationalen Produzenten der Öl-Branche sind den Abkommen jeglicher Art nicht nachgekommen und hatten im Zuge der Corona-Pandemie letztlich keine Abnehmer für die großen hergestellten und zum Verbrauch fertigen Ölmengen. Merken Sie sich, dass es durch eine Inflation auch zu einer Deflation kommen kann. Denn wenn den Menschen die nötigen Mittel für Produkte fehlen, so haben die herstellenden Unternehmen keine Käufer für ihre Produkte.

Auch dies war in der Pandemie von Bedeutung. Die Folge der zu geringen Lieferungen zwang Unternehmen, ihre Mitarbeiter zu kündigen oder zumindest in Kurzarbeit zu stellen. Denn die Unternehmen mussten Verluste im Verkauf und in der Produktion ihrer Produkte einstecken. Gleichzeitig blieben Gewinne aus, da deutlich weniger Produkte verkauft wurden, aufgrund der gerade herrschenden Unsicherheit der Menschen.

Dies hat auch massive Auswirkungen auf die Bundesrepublik. Denn der Staat erhält aufgrund des deutlich niedrigeren Konsumverhaltens der Menschen weniger steuerliche Einnahmen. Sinkt die Wirtschaftsleistung eines Landes, so sind des Öfteren deflationäre Züge die Ursache für diese wirtschaftliche Depression.

Durch beispielsweise die Nullzinspolitik wird versucht, die Finanzbranche und deren Unternehmen zu befördern. Die Menschen werden ermutigt, günstige Kredite aufzunehmen, damit der Staat durch die dadurch gekauften Produkte und Dienstleistungen wiederum steuerliche Einnahmen verbuchen kann.

Nun aber wirklich zum Sparen. Gerade zu Beginn ist eine Analyse Ihres Konsumverhaltens äußerst von Nutzen, denn oftmals verstecken sich wahre Geldfresser in den eigenen Ausgaben. Das Schaffen einer Gegenüberstellung von festen Einnahmen und Ausgaben ist deshalb von großer Bedeutung. Aus dem Ergebnis können Sie Ihr liquides, also frei verfügbares Geld, herauslesen und allgemein einen verbesserten Überblick behalten.

❖ Wohnung bzw. Haus

Die Mietpreise sind in der Vergangenheit stetig gestiegen und eines lässt sich festhalten, wohnen ist teurer als je zuvor. Gerade in Ballungszentren wie München, Berlin oder Frankfurt ist der besitzt von Eigenheimen wahrer Luxus und spricht von Reichtum. Grundsätzlich können sich dies viele Menschen nicht leisten und müssen Wohnungen und Häuser zu oft sehr teuren Preisen anmieten. Was einige Personen nicht wissen, ist, dass die Mietverträge oftmals voller fehlerhafter Informationen sind. Die Mehrzahl der Verträge sind preislich gebunden an den ortsbezogenen durchschnittlichen Quadratmeterpreis.

Dies gilt es, grundsätzlich zu überprüfen, weshalb die Vermessung Ihrer Wohnung und deren Größe Ihnen möglicherweise rechtlich einige Euro monatlich ersparen können. Oft ist dies noch nicht einmal von Ihrem Vermieter absichtlich gemacht, weshalb eine Überprüfung und eine anschließende Konfrontation meist ohne die Erregung eines größeren Ärgernisses ist. Des Weiteren sind laut dem deutschen Mieterbund fast die Hälfte aller Abrechnungen der Betriebskosten fehlerhaft. Deshalb sollten Sie Ihre Nebenkostenabrechnung immer prüfen und notfalls kritisch hinterfragen.

Dies gilt auch für den Wasserverbrauch. Gerade, wenn Sie im Vergleich zu anderen Bekannten einen relativ hohen Abrechnungsbetrag haben, sollten Sie dies hinterfragen. Aus meiner persönlichen Erfahrung heraus konnte ich dies bestätigen. Da ich oft außerhalb geduscht habe, egal, ob beim örtlichen Fußballverein oder im Fitnessstudio, allgemein zudem einen sparsamen und geringen Wasserverbrauch hatte, konnte ich durch die Überprüfung der Abrechnung monatlich bares Geld einsparen, ohne meine Lebensgewohnheiten zu verändern. Es gibt einige weitere Beispiele, wo Sie in Bezug auf Ihre Wohnsituation Geld einsparen könne, Mülleimer etc. Des Weiteren führen viele Vermieter im Mietvertrag die Rubrik „Sonstiges" auf, welche in deutschen Mietverträgen grundsätzlich rechtlich anfechtbar ist.

❖ **App-Abonnements**

Wer kennt es nicht: Netflix, Amazon Prime, Sky etc. Beinahe jeder hat heutzutage unzählige verschiedene Anbieter, welche monatlich einen festen Betrag kosten. Das Abo-Modell hat sich in der aktuellen Unterhaltungsbranche durchgesetzt und wird von der großen Mehrheit der Nutzer akzeptiert und bezahlt. So errechnen sich schnell aus monatlich 5-10 € 30-50 € und das alles schleichend und unauffällig.

Dabei sind 50 € im Monat auf ein Jahr gerechnet 600 €. Das ist für viele bereits der jährliche Urlaub. Es geht hierbei nicht darum, die Kosten auf illegale Weise zu drücken oder sich das Entertainment zu gönnen, sondern vielmehr darum, zu hinterfragen, ob man sich bei einzelnen Anbietern die Kosten möglicherweise mit einer anderen Person teilen kann oder generell, ob man wirklich alle Anbieter benötigt und nutzt. Gerade in der Corona-Pandemie stieg die Zahl der Anbieter solcher Programme und Apps, allerdings vor allem auch die Anzahl der monatlichen Nutzer, rasant an.

❖ Smartphones

Beinahe jeder von uns hat eines und die meisten sind bereit, sehr viel Geld für ihr Smartphone auszugeben. Grundsätzlich gehen durch das Besitzen eines modernen Handys auch einige Vorteile hervor. Denn dadurch wird es uns einfach gemacht, an Informationen heranzukommen und auch bezüglich der Kommunikation mit unseren Mitmenschen bieten sich einige Möglichkeiten.

Wir können ortsunabhängig und zumeist über kostenlose Apps miteinander kommunizieren. Dabei gibt es verschiedene Möglichkeiten, vom normalen Telefonieren bis über Videoanrufe ist vieles möglich. Allerdings unterhält uns das Smartphone auch und es gibt uns einige Möglichkeiten von Spiele- bis über TV-Apps und selbst das Erledigen der eigenen Einkäufe – vieles ist möglich.

Schnell gehen die Kosten bei der Anschaffung in kleine Vermögen über. So ist es heute nicht mehr außergewöhnlich, wenn das Smartphone so viel kostet wie ein Laptop. Viele Kunden der Branche gehen hierbei blind vor und übersehen das relativ breite Angebot an günstigeren Alternativen und vor allem Möglichkeiten, generell günstiger an das jeweilige Gerät heranzukommen. Es gibt immer mehr Anbieter, welche sogenannte „B-Ware" von Smartphones günstig zum Verkauf stellen. Dabei werden oft defekte Geräte wieder repariert bzw. die enthaltenen Fehler ausgebessert und im Anschluss preisgünstig verkauft. Dieses Marktmodell haben verschiedene Unternehmen erkannt, weshalb das Geschäft boomt und die Auswahl für uns Kunden wirklich unvorstellbar ist.

Die Geräte werden zum Teil sogar mit einer Garantie belegt. Somit ist es uns möglich, gebrauchte, aber sehr gut funktionierende Geräte zu kaufen. Zudem können wir den Aspekt der Nachhaltigkeit mit dem Handykauf in Verbindung bringen. Denn während früher defekte Geräte im Mülleimer landeten, obwohl nur Kleinigkeiten auszubessern waren, so wird die Vielzahl heute wieder verwendet. Jedoch nicht nur bei der

Anschaffung lässt sich einfach bares Geld sparen. Sie sollten hinterfragen, ob Ihr jeweiliger Handyvertrag preislich vertretbar ist bzw. ob es sich lohnen würde, zu einem günstigeren Anbieter zu wechseln. Denn heutzutage sind die meisten Menschen nicht mehr abhängig von freien SMS oder Minuten zum Telefonieren. Fast in jeder App kann man kostenlos kommunizieren und da braucht es die angebotenen freien Kommunikationsmöglichkeiten nicht mehr.

Des Weiteren wird auch das oft teuer bezahlte Datenvolumen unnötig. Denn auch, wenn Deutschland absolut kein Vorreiter bezüglich dieses Themas ist, so wird es uns auch hier möglich, im stets ausgeweiteten WLAN-Netz kostenlos zu surfen. Es ist vielen möglich, ihr Datenvolumen zumindest herunterzustufen, da sie es sowieso nicht mehr verwenden. Die meisten Anbieter zeigen sich hierbei sehr kooperativ, auch in laufenden Verträgen können sie mit ihrem Ansprechpartner sprechen, welche zumeist den festgelegten Vertrag herabstufen, und so sind schnell 10 € bis 20 € monatlich eingespart. Generell sollten Sie im regen Kontakt mit einem Mitarbeiter Ihres Anbieters stehen, denn diese haben preisliche Spielräume, deren Ausreizung oft finanzielle Vergünstigungen enthalten.

❖ **Versicherungen**

Ich möchte Sie ja nicht allzu sehr mit dem Thema des Sparens nerven, allerdings bieten sich so viele Möglichkeiten, wo wir uns wirklich bares Geld monatlich einsparen können. Ein Thema was hierbei nie fehlen darf, sind Versicherungen. Grundsätzlich sollten Sie sich hier nicht von einer fremden Person beeinflussen lassen, denn nur Sie können wissen, welche Versicherung in Ihrer aktuellen Lebenssituation zu Ihnen passt.

Denn eine Bürofachangestellte hat definitiv unterschiedlich Voraussetzungen und Bedürfnisse, bezüglich der ausgewählten Versicherungen, als ein Dachdecker oder Maurer. Grundsätzlich haben wir alle eine

Art Grundversicherung, welche in Deutschland durch die sogenannten Beitragsbemessungsgrenze geregelt ist. Die Rede ist von der Krankenversicherung, die wohl wichtigste und beinahe unumgängliche Versicherung, welche wir haben. Diese bezahlen wir meistens relativ teuer. Die Beitragsbemessungsgrenze ermöglicht es Menschen, die durchschnittlich einen geringeren Verdienst haben als ein Bruttomonatseinkommen von 4687,50€ Euro, dass sie durch die gesetzliche Krankenkasse versichert werden.

Menschen, die nicht über diese Krankenkasse versichert sind, haben ausschließlich im Falle einer lebensbedrohlichen Situation oder einer Schwangerschaft die Möglichkeit einen Arzt oder ein Krankenhaus aufzusuchen. Grundsätzlich orientiert sich die Höhe des monatlichen Beitrags in Deutschland am jeweiligen Gehalt der Menschen. Hierbei sind die jeweiligen Krankenkassen verpflichtet, Sie aufzunehmen, dies ist ein Unterschied zu den privaten Krankenversicherungen, welche die jeweiligen Personen auch ablehnen können. Grundsätzlich hängt dies von verschiedenen Faktoren ab, wie zum Beispiel Ihr allgemeiner Gesundheitszustand oder dem allgemeinen gesundheitsschädlichen Risiko, in welchem Sie sich im Alltag befinden.

Die Versicherung mit der darauf wohl höchsten Priorität, welche jeder Mensch in Deutschland innehaben sollte, ist die sogenannte Haftpflichtversicherung. Bei einem Personen- oder Sachschadensfall, welcher aufgrund Ihres Zutuns resultiert, greift diese und übernimmt die Kosten. Dies ist von großer Relevanz, denn gerade im Falle von entstandenen Personenschäden entstehen oft langfristig hohe Kosten, welche im Alltag rasch entstehen können. Ansonsten gibt es einige weitere Optionen bezüglich Versicherungen, hierzu ist es sinnvoll bzw. schon fast ein Muss, dass Sie sich mit einem Experten kurzschließen, um für die Zukunft abgesichert zu sein.

So sind Versicherungen gegen die Berufsunfähigkeit für immer mehr Menschen von großer Relevanz. Denn für fast alle Menschen ist die Hauptquelle des monatlichen Einkommens der ausgeübte Beruf. Wenn dieser nicht mehr gemacht werden kann, braucht es eine Absicherung gegen den darauffolgenden großen finanziellen Schaden. In der aktuell sehr schnelllebigen Gesellschaft sind längere Aufenthalte in Krankenhäusern oft gegeben und resultieren aus den körperlich und psychisch oft belastenden Situationen im jeweiligen Beruf. Dies richtet sich vor allem nicht mehr nur auf die Arbeitsgruppen, welche ihren Körpern täglich starken Belastungen zufügen, sondern immer mehr auch an diejenigen, die unter einem längeren Dauerstress auf der Arbeit leiden. Denn Burnout ist durch die jeweils ausgeübten Einsätze in der Arbeit leider Teil unserer Gesellschaft und aus diesem resultieren zum Teil auch längere Ausfälle der Fähigkeit, den eigenen Beruf auszuüben.

Sie haben bereits einiges bezüglich Ihres Verhaltens bzw. dem Umgang mit Ihrem Geld gelernt. Zusätzlich wurden Sie angeregt, eben dieses Konsumverhalten kritisch zu hinterfragen und die Sinnhaftigkeit Ihrer Ausgaben zu reflektieren.

Denn Sie haben gelernt, dass es an der Börse mit einem langen Anlagehorizont sinnvoll ist, auch mit kleineren Sparbeträgen frühzeitig anzufangen. Im Alltag lässt sich die zuvor bestimmte Sparsumme meist relativ einfach erhöhen. Dabei geht es nicht darum, seine eigenen Lebensgewohnheiten völlig auf den Kopf zu stellen und ab heute zurückgezogen und extrem sparsam zu leben. Es geht um den sinnvollen Umgang mit der ganzen Materie und darum, dabei langfristig abgesichert zu sein, um vor allem im Alter und in Bezug auf die Absicherung ihrer Familie grundlegend gut leben zu können.

UNTERTEILUNG IN RISIKOKLASSEN / DIVERSIFIKATION

Allgemein bedeutet Diversifikation in Bezug auf das Thema der Finanzen die Aufteilung des Anlagekapitals auf jeweils unterschiedliche Arten von Investments. Grundsätzlich bringen die einzelnen Assetklassen unterschiedliche Risiken mit sich. Durch die Verteilung auf verschiedene Investmenttitel wird das Risiko eines totalen Verlustes massiv reduziert. Denn wenn Sie alles auf eine Karte, also auf ein einziges Wertpapier, setzen und dieses nun fällt, dann sind die Verluste gebündelt. Der Anlagewert würde unkontrollierbar fallen und dem wird durch die Diversifikation entgegnet. Merken Sie sich, je breiter Sie diversifizieren, desto niedriger wird das Verlustrisiko.

Diversifikation vs. Risiko

Grundsätzlich hängt die Aufteilung des Kapitals immer mit dem jeweils gewollten Risiko zusammen. Die hierbei aktive Volatilität oder das Risiko, welches Sie als Anleger eingehen wollen, spielen bei dem Thema eine unausweichliche Rolle. Grundsätzlich müssen Investoren immer für sich selbst festlegen, welche Volatilität sie bei ihren Investments in Kauf nehmen wollen.

Hiermit ist die Schwankung der einzelnen Werte gemeint, welche bei Einzelaktien durchaus sehr stark sein können und die Performance Ihres Portfolios massiv beeinflussen. In der Finanzbranche wird für die Bestimmung der wechselseitigen Beziehung zwischen Anlagetiteln der sogenannte Korrelationskoeffizient verwendet. Wenn Sie auf mehrere Einzelaktien aus einer Branche setzen, so verändern diese sich in einer gewissen Art oft ähnlich. Denn Sie agieren in der gleichen Branche, wenn nun die Anleger in diesem Bereich eine positive Zukunft voraussagen, so werden die Werte in die Höhe gehen, beide etwa gleich, aber zumindest in die gleiche Richtung. Dies bedeutet auch, wenn die Branche negativ läuft, dann laufen direkt mehrere Investments aus Ihrem Depot schlecht. Deshalb sollten Sie sich bei einem eher kleinen Depot darauf konzentrieren, in unterschiedliche Sparten an der Börse anzulegen.

Deshalb sollten Sie über verschiedene Anlageklassen Ihr Geld diversifizieren, da sich dadurch Ihr Risiko stark verringern wird. Grundsätzlich steht das Investieren in Gold oder auch in Anleihen in einer negativen Korrelation zu dem täglichen Geschäft der Börse. Denn gerade in Krisenzeiten oder einer generell eher schlechten Konjunktur an den Finanzmärkten gehen die Preise von Gold und Anleihen nach oben. Wenn Sie Ihr Vermögen nun verteilt haben, auf verschiedene Anlageklassen, so werden Sie die Verluste der einen Seite ausgleichen durch andere gerade positiv laufende Investments. Dadurch wird sich die Volatilität Ihres Portfolios in Grenzen halten und Sie haben die Möglichkeit, in beinahe allen Marktphasen zu profitieren. Es gibt aber in gewisser Hinsicht auch Nachteile durch die breite Aufteilung Ihres Vermögens. Denn dadurch wird sich Ihre Rendite möglicherweise etwas geringer verhalten. Wenn sich eine Branche im Aufschwung befindet, Sie alles auf diese Karte setzen und Erfolg haben, werden Sie deutlich höhere Gewinne machen können, im Vergleich zu einer sehr aufteilenden Strategie, welche den Gesamtmarkt abbilden möchte. Allerdings werden Sie langfristig durch die Diversifikation eine massiv höhere Chance haben, um erfolgreich an der Börse zu performen.

Gerade bei einzelnen Aktienwerten ist das Risiko eben höher und nur empfehlenswert, wenn Sie vom langfristigen Erfolg des Unternehmens überzeugt sind. Grundsätzlich lässt sich das Risiko in zwei verschiedene Arten unterteilen. Hierbei beschreibt das unsystematische Risiko die Ereignisse, welche sich auf ein Unternehmen auswirken, welches dieses nicht planen kann, wie zum Beispiel die massiven Auswirkungen der Corona-Pandemie.

Dagegen bezieht sich das systematische Risiko auf die allgemeine Entwicklung einer Branche bzw. deren gesamte Konjunktur. Diesem Risiko können Sie durch eine gute Diversifikation entgegenwirken. Ein Richtwert für eine meist ausreichende Diversifikation wäre, ca. 20 verschiedene Unternehmen in das Portfolio aufzunehmen, um die Entwicklung Ihres Portfolios halbwegs kontinuierlich zu halten und allgemein das Risiko nicht zu hoch zu haben.

Etwas fortgeschrittenere Anleger sollten sich ebenfalls Gedanken darüber machen, in welchen Ländern sie investieren wollen. Denn auch über die Risiken des konzentrierten Investieren in Unternehmen, welche sich alle in einem Land befinden, sollten sich die Investoren im Klaren sein. Der englische Begriff der „Home Bias" beschreibt das Phänomen, dass sich viele Anleger davon anziehen lassen, in Unternehmen mit Hauptsitz im eigenen Land zu investieren. Das Gefühl der Verbundenheit und der allgemeinen Überzeugung, sich dort gut auszukennen, geht hiermit einher. Gibt es nun in diesem Land einschneidende Ereignisse, so werden Sie dies in die positive wie negative Richtung merken. Oft liegt der Ursprung für derartige Veränderungen in politische Begründungen, wie die Veränderung von Steuern und allgemein der Ressourcen. Grundsätzlich regeln große Unternehmen dieses Problem allerdings von selbst, da die Nachfrage nach deren Produkten global besteht und auch die Produktionen sich nicht ausschließlich in einem Land bewerkstelligen.

Die Börse hat dies bereits seit längerer Zeit erkannt und hat gerade für kleinere bzw. neuere Anleger bezüglich der Diversifikation einige Optionen zur Verfügung gestellt. Zum einen gibt es für diese Investoren, mit einem eher geringen Kenntnisstand zur Beseitigung deren Unsicherheiten, die sogenannten Investmentfonds und „Exchange Tradet Funds".

Investmentfonds

Ein Investmentfonds ist vereinfacht gesagt ein Pool, in welchem aus verschiedenen Geldquellen gesammelt wird. Dieses dadurch entstandene Kapital wird im Anschluss beim Fonds gebündelt und mit dem Ziel der Gewinnbringung angelegt. Grundsätzlich vertrauen die Anleger dem Fonds das eigene Kapital an, welcher dieses orientiert an den Bedürfnissen und Wünschen des Kunden wieder anlegt. Dabei fallen für die Anleger Gebühren an, durch welche sich der Fonds finanziert.

Die Abwicklung der Gebühren kann über die Zahlung eines festen Betrages, einer Provision oder auch einer gewinnorientierten Beteiligung erfolgen. Denn ein Fonds wird aktiv verwaltet und bringt so einiges an bürokratischer Arbeit mit sich. Dabei müssen von den bezahlten Gebühren die Mitarbeiter und Manager des Fonds bezahlt werden. Der Fonds ist generell verpflichtet, das eigene Kapital getrennt von dem der Anleger zu behandeln.

Bei einer Insolvenz des Fonds sind die darin enthaltenen Vermögenswerte durch die Anzahl der Fondsanteile zu teilen. Grundsätzlich ist es möglich, diese Fondsanteile in Bruchstücken zu kaufen, sodass es möglich ist, vom „Cost Average Effekt" durch einen regelmäßigen Sparplan zu profitieren. Grundsätzlich gibt es eine große Auswahl an Investmentfonds, sodass bei vielen Anlegern aufgrund dieser Bandbreite Unsicherheiten entstehen.

❖ **Spezialfonds:** diese können sich grundsätzlich auf die verschiedensten Bereiche beziehen. Häufig werden sie von größeren Unternehmen ins Leben gerufen, zum Beispiel, um für die eigenen Mitarbeiter Pensionsgelder oder sonstige gesonderte Rentenzahlungen auszahlen zu können.

- **Offene und geschlossene Fonds:** Diese Formen werden in der Praxis sehr häufig eingesetzt. Beide haben das Ziel der Gewinnung von höheren Kapitalsummen. Ein geschlossener Fonds sammelt hierbei das Kapital aus verschiedenen Quellen, bis ein zuvor festgelegter Betrag erreicht wird. Oft finden diese Fonds ihre Anwendung zur Finanzierung von großen Bauprojekten. In der Branche haben diese einen zumeist eher negativ behafteten Ruf, da hier die Investition auf ein festgelegtes Investment bezogen ist. Scheitert dieses nun, dann besteht für die Anleger das Risiko eines totalen oder sehr hohen Verlustes. Letztlich ist das Verhältnis zwischen der Chance-Risiko-Verhältnis im Vergleich zu anderen Investitionsmöglichkeiten nicht gerechtfertigt in den meisten Fällen. Bei einem offenen Fonds hingegen besteht für Anleger und Fonds theoretisch die Gewinnung von Kapitalerträgen ohne Limit.

Der Investmentfonds stellt den Anleger verschiedene Investitionsmöglichkeiten zur Verfügung. Dann können diese sich orientiert an ihren eigenen Interessen an einem Fonds beteiligen. Hierbei gilt, je größer der Fonds, desto größer ist dessen Einfluss an der Börse. Die Anteile an einem offenen Fonds sind grundsätzlich relativ normal handelbar. Die Investmentfonds arbeiten meist mit sogenannten Kapitalverwaltungsgesellschaften zusammen. Diese veröffentlichen täglich Rücknahme- und aktuelle Kaufpreise für die Anteile am Fonds. Somit ist der Handel mit den Bruchstücken bzw. Anteilen des Fonds an der Börse normal handelbar.

Es gibt jedoch noch unzählige weitere Arten von Fonds, von Rohstoff-, Immobilien- bis Rentenfonds ist grundsätzlich alles möglich. Die Fondsmanager sind für die Verwaltung und letztlich auch für die Performance des Fonds verantwortlich. Besonders wichtig ist hierbei die Außendarstellung des Fonds, welche durch Verkaufsprospekte oder durch die sozialen Medien auf sich aufmerksam macht und in Konkurrenz zu anderen Fondsgesellschaften steht. Ein Gradmesser für den Erfolg des

Fonds ist letztlich beispielsweise die vergangene Entwicklung bzw. die allgemeine Performance. Dabei ist es sinnvoll, verschiedene Fondsgesellschaften, welche innerhalb einer Branche aktiv sind, zu vergleichen und anhand der eigenen Interessen letztlich auszuwählen. Doch Sie müssen stets bedenken, dass an der Börse die Zukunft und nicht die Vergangenheit gehandelt wird. Sie sollten sich also nicht blind von den Erfolgen aus den letzten Jahren leiten lassen, sondern sich vielmehr mit den eingesetzten Methoden bzw. der aktuellen Vorgehensweise des Fonds überzeugen lassen. Denn Sie haben nichts von den Gewinnen der vergangenen Zeit. So macht es Sinn, sich ausgiebig mit den Fondsgesellschaften, den Analysen, Experten, ... auseinanderzusetzen. Doch haben Sie keine Sorge, meistens ist die grobe Performance innerhalb einer Branche zumindest ähnlich. Machen Sie sich nicht lange einen Kopf, wo Ihr Geld sich wirklich am allermeisten vermehrt, sondern vielmehr geht es darum, dass es sich vermehrt.

Den perfekten Investmentfonds finden

Sie wissen bereits, dass es viele verschiedene Investmentfonds an der Börse gibt. Bei dieser großen Auswahl sind einige Anleger überfordert. Sie wissen bereits die grundsätzlichen Unterscheidungen zwischen den Fonds und nun geht es darum, den für Sie persönlich richtigen zu finden. Doch leider muss ich Ihnen die Hoffnung nehmen, denn Sie müssen diese Entscheidung eigenständig treffen. Aus den nun folgenden Informationen sollen Sie dazu befähigt werden, dass Sie herausfinden, welche Art eines Fonds für Sie passend wäre.

❖ Der Immobilienfonds

Die grundsätzliche Unterscheidung zwischen einem geschlossenen und einem offenen Investmentfonds kennen Sie bereits. Des Weiteren ist es interessant, zu kennen, dass man, wer in diese Branche investieren möchte, bei vielen Immobilienfonds damit rechnen muss, dass eine Mindesthaltefrist von zwei Jahren. Denn damals war der Markt geprägt von kurzfristigen Panikverkäufen, welche für ein großes Chaos in der Branche sorgte.

Auffällig bei Immobilienfonds sind die hohen Chancen bzw. die verschiedenen Möglichkeiten, Gewinne durch die Steigerung des allgemeinen Wertes der Immobilie, Mieteinnahmen und deren Steigerung sowie Rendite aus sonstigen Erträgen zu erhalten. Aber auch einzubeziehen sind die Risiken, welche bei baulichen Unternehmungen vorliegen, sowie die sich aktuell stets veränderte Gesetzeslage in Deutschland. Auch die Laufzeit der Investitionen in einen solchen Fonds ist eher von langfristigem Charakter.

❖ Der Rentenfonds

Rentenfonds sind im deutschlandweiten Ranking der Beliebtheit einer Fondsgruppe auf dem zweiten Platz, was das Ansehen gegenüber dieser Art hervorheben soll. Grundsätzlich investieren Rentenfonds in verschiedene Wertpapiere, wie beispielsweise Anleihen, Aktien und Co. Dabei versucht der Fonds, eine möglichst hohe Rendite bzw. Erträge zu erzielen.

Allerdings ist die grundsätzliche Risikoverteilung bzw. allgemeine Senkung des Risikos von großer Bedeutung. Die Folge ist, dass ein Rentenfonds meistens eine eher mittelmäßige Ertragschance hat, aber eben auch mit einem eher niedrigeren Risiko behaftet ist. Wenn Sie Ihr Geld eher etwas konservativer anlegen möchten und dabei einen Anlagehorizont von mindestens 2 Jahren mitbringen, so könnte das Investieren in einen Rentenfonds für Sie das Richtige sein.

❖ Der Geldmarktfonds

Das Hauptgeschäft eines Geldmarktfonds ist es, den Banken größere Geldmengen gegen einen festgelegten Zinsbetrag für einen eher sehr kurzen Zeitraum bereitzustellen. Wenn Sie als Anleger Ihr Geld für einen Zeitraum von meist unter einem Jahr anlegen möchten und dabei eine etwas geringere Rendite erhalten möchten, so kann diese Fondsart passend für Sie sein. Die allermeiste der ca. 80 verschiedenen Geldmarktfonds sind mit einem sehr geringen Risiko behaftet, wodurch sich zwar einerseits eine eher geringe Rendite ergibt, diese allerdings eben aufgrund der einhergehenden Sicherheit sowie dem kurzen Zeitrahmen gerechtfertigt wird.

❖ Der Aktienfonds

Nicht nur in Deutschland, sondern weltweit die am weitesten verbreitete Fondsart. Er ist aufgrund seiner meist großen Diversifikation durch den jeweils betreuenden Fonds sehr beliebt. Dabei gilt, je breiter die Streuung bzw. die Diversifikation in einem Fonds, desto niedriger ist ein mögliches Verlustrisiko.

Für den Anleger gibt es hierzu verschiedene weitere Anreize neben den allgemeinen Wertsteigerungen des Fonds. Denn es können weitere Gewinne aus der Auszahlung von Dividenden oder sonstigen Sonderauszahlungen, abhängig vom Erfolg der Anlage, in Aussicht stehen. Die meisten Aktienfonds zielen auf eine bestimmte Branche oder Indizes ab. Dabei ist das Risiko in dieser Fondsart etwas höher einzustufen und kann allgemein im Rahmen einer schlechten Performance rasch im Wert fallen.

Grundsätzlich sinkt dieses Risiko allerdings mit einem langen Anlagehorizont. Merken Sie sich, je länger Sie Ihr Geld in einem Aktienfonds anlegen, desto niedriger wird das allgemeine Verlustrisiko. Grundsätzlich können aber bei diesem Fonds auch höhere Ertragschancen entstehen. Gerade für die eher jüngeren Anleger oder generell für diejenigen, welche etwas mehr Zeit mitbringen, kann diese Anlageform das Richtige sein.

Fazit Investmentfonds

Viele Anleger nehmen an der Vielfalt von Investmentfonds teil und legen ihr Geld dort an. Die Vorteile liegen auf der Hand. Grundsätzlich sind die meisten Fonds sehr gut diversifiziert und legen Wert auf eine üppige Verteilung des eingesetzten Geldes an der Börse. Zudem können gerade unerfahrenere Anleger profitieren von dem professionellen Vorgehen der Analysten und Fondsmanager, welche die ausgewählten Unternehmen unter Einbezug ihrer Fachexpertise auswählen und in das jeweilige Depot einpflegen.

Des Weiteren kommen die Experten der jeweiligen Fonds schneller an vertraute Informationen und sonstige Ereignisse eines Unternehmens heran, als sie als privater Anleger, welcher nicht auf ein so breites Netzwerk an News herankommt. Somit können viele Fondsmanager vor der breiten Masse der Anlegerschaft auf diese Ereignisse reagieren, wodurch durchaus ein Vorteil im Wettbewerb an der Börse entstehen kann. Natürlich sind diese Vorteile einer aktiven Verwaltung bezüglich der Verfügbarkeit der Ergebnisse von Analysten und Co. nicht kostenlos. Die meistens Fonds kassieren saftige Gebühren, welche die Rendite der Anleger durchaus einschneidend schmälern kann.

Grundsätzlich lernen Sie als Anleger eher weniger, wenn Sie Ihr Geld relativ passiv einer Fondsgesellschaft anvertrauen. Allerdings besteht gerade für eher unsichere Anleger, welche den Vermögensaufbau bereits einige Zeit vor sich herschieben, die Möglichkeit, mit einem eher geringen Aufwand an der Börse zu profitieren. Zudem muss man aber auch erst einmal den Mitarbeitern und vor allem Fondsmanagern der jeweiligen Institution Vertrauen schenken. Jedoch fällt dies mit dem Grundgedanken daran, dass auch die Mitarbeiter des Fonds meistens am eigenen Erfolg interessiert sind, etwas leichter. Oft sind diese selbst investiert oder profitieren von den Gewinnen, welche eingefahren werden, und erhalten Sonderzahlungen.

Grundsätzlich muss ein Fonds die jeweilige Branche bzw. vergleichbare Durchschnittswerte der jeweiligen Assetklasse schlagen, natürlich nicht wörtlich, sondern die durchschnittlich erreichte Performance übertreffen.

Denn von dem Erfolg des Fonds müssen die Gebühren abgezogen werden. Ein Fonds rechtfertigt diese Gebühren bzw. die Provision nur, wenn der durchschnittliche Markt an der Börse bezwungen wird, denn ansonsten könnten die Anleger auch in Wertpapiere investieren, die die jeweilige Branche abbilden. Dies ist der Fall bei ETFs – was ist eigentlich so ein ETF?

Exchange Traded Fund

ALLGEMEINES

Ein „Exchange Traded Fund“ oder auch ETF wird in Deutschland überwiegend als ein sogenannter Indexfonds beschrieben. Grundsätzlich sind Indexfonds von einer passiven Anlagestrategie geprägt. Der größte Unterschied zu einem Investmentfonds ist, dass bei einem ETF keine Institution im klassischen Sinne dahintersteht. Ein ETF wird nicht aktiv von einem Fondsmanager verwaltet, es stehen auch keine Analysten hinter den Werten des ETFs, welche die Auswahl aufgrund ihrer Analysen begründen.

Grundsätzlich ist es einem ETF auch nicht möglich, dass er besser als der jeweilige Index abschneidet, da er diesen Index zumeist abbildet. Im Grundsatz kann ein ETF ähnlich wie ein Fonds in den verschiedensten Bereichen aktiv sein bzw. diese abbilden. Es spielt hierbei keine Rolle, ob es sich um einen Aktien-, Währungs- oder auch einen Geldmarktfonds oder sonstigen Immobilien- und Rohstofffonds handelt. Beliebte ETFs sind jedoch die, welche die großen globalen Aktienindizes abbilden, wie zum Beispiel den DAX30, MDAX oder europaweit den STOXX Europe 50.

FAZIT DER ETFS

ETFs können bzw. sind bei sehr vielen Investoren eine beliebte Anlagemöglichkeit. Denn bei einem ETF fallen praktisch keine bzw. nur äußerst geringe Kosten an. Diese sind nicht von Nöten, da die Zusammenstellung nicht von verschiedenen Leuten aktiv verwaltet und betreut werden muss. Der jeweilige Online-Broker berechnet eine kleine Gebühr für die jeweilige Durchführung der eintreffenden Ordern. Des Weiteren weisen die ETFs eine große Diversifikation auf, welche gerade bei kleineren

Anlegern auf großen Anklang trifft. Denn gerade die Investoren, welche eher geringe Kapitalsummen zum Handel an der Börse zur Verfügung haben, haben oftmals Probleme, ihr eingesetztes Geld ausreichend zu diversifizieren. Meist werden die anfallenden Transaktionskosten bei der jeweiligen Entwicklung des Kurses des ETFs miteinberechnet, sodass die Abwicklung der Kosten für die Verwendung bzw. Nutzung eines ETFs für die Endverbraucher besonders einfach ist. Doch keine Sorge, die Rede ist hierbei nicht von versteckten Kosten, denn die Anbieter bzw. Emittenten der ETFs sind in den jeweiligen Informationsblättern dazu verpflichtet, die TER anzuzeigen.

Die TER stellt die sogenannte Gesamtkostenquote dar und sorgt für ein transparentes Anlegen, welches gerade für Neulinge an der Börse von großem Wert sein kann. Damit Sie einen groben Richtwert gehört haben, so fallen ca. 0,2 % an Gebühren für die Nutzung eines ETFs an. Aufgrund des Wandels an der Börse bringen immer mehr Anbieter bzw. Herausgeber von ETFs sogenannte Faktenblätter heraus. Dadurch sollen besonders die Einsteiger an der Börse mit abgefangen werden, welche auf diesen Informationsblättern alle wichtigen Daten, die Kennungsnummer (ISIN), die anfallenden Gebühren und vor allem die im ETF enthaltene Aufteilung, enthalten sind.

Gerade für Einsteiger und allgemein sehr passive Anleger kann das Investieren in ETFs eine wirklich sehr adäquate Lösung für den eigenen Vermögensaufbau darstellen. Grundsätzlich können Sie als Investor bei einem sehr konservativen ETF-Klassiker wie dem MSCI Word im Grunde kaum etwas falsch machen. In diesem sind über 1500 Unternehmen abgebildet und er zeichnet sich aus durch seine besonders hohe Transparenz, Liquidität und auch durch die enthaltenen Regulierungsmaßnahmen. Somit könnte für Sie als wirklich blutiger Einsteiger an der Börse ein Anfang gestaltet werden, welcher langfristig relativ sicher positiv verlaufen sollte.

ETF oder Investmentfonds

Für Sie als Anleger ist der wohl gravierendste Unterschied zwischen einem passiven ETF und einem aktiv verwalteten Investmentfonds die Gebühr bzw. die anfallenden Kosten. Während Sie bei einem ETF mit nur ca. 0,2 % zu rechnen haben, so sind diese Gebühren bei einem Fonds meist zwischen 2-3 % jährlich.

Grundsätzlich sind die jeweiligen Kosten definitiv begründet, aber bei einem Fonds erst dann gerechtfertigt, wenn dieser besser abschließt als der vergleichbare ETF, welcher einen Index abbildet und keine aktive Institution verwendet. Definitiv scheinen Fonds besonders in sehr volatilen bzw. turbulenten Phasen an der Börse, wie zum Beispiel im März 2020 mit Eintreten der Corona Pandemie, besser abzuschneiden als ein vergleichbarer ETF. Denn durch die aktive Verwaltung ist es durch die Fondsmanager möglich, auf die Geschehnisse des spekulativen Kapitalmarktes kurzfristig zu reagieren und somit die jeweiligen Depots vor großen Verlusten zu schützen.

Eben aufgrund eines solchen Services begründen sich die höheren Gebühren, welche bei einem Investmentfonds anfallen. Allerdings haben sich die passiven ETFs über die letzten Jahre stets bewährt, müssen sich an der Börse nicht verstecken und wiesen durchaus sehr rentable Renditen auf. Grundsätzlich müssen Sie als Anleger selbst entscheiden, ob Sie Ihr Geld fremden Personen anvertrauen wollen oder eben Ihre Vermögensverwaltung selbst erledigen möchten.

Nicht zu vergessen wäre auch, dass durch die eigenständige Verwaltung auch unterschiedliche Lernprozesse bezüglich der eigenen Finanzbildung in Kraft gesetzt werden können. Beide Anlagemöglichkeiten bieten für Sie als Anleger die Möglichkeit, mit relativ geringen Kenntnissen an der Börse zu profitieren, und begründen daher ihre Daseinsberechtigung. Fakt ist, wer nichts investiert, verliert Geld, deshalb wägen Sie nicht allzu lange ab, was wohl erfolgreicher wäre, sondern fangen Sie an, sich ein kleines Stück vom Kuchen zu holen.

Sparplan

Nun kommen wir gerade für Sie als Einsteiger in der Welt der Aktien, Finanzbranche bzw. an der Börse zu einem äußerst wichtigen Thema – dem Sparplan. Einer der renommiertesten Broker in der deutschen Finanzbranche, die Comdirect, beschreibt: „mit einem Wertpapiersparplan investieren Sie ganz automatisch einen festgelegten Beitrag von mindestens 25 € in bestimmte Wertpapiere.

Die Höhe und das Intervall (monatlich, zweimonatlich oder vierteljährig) können Sie dabei selbst bestimmen und jederzeit ändern“. Grundsätzlich können Sie durch einen Sparplan bereits mit geringen Kapitalsummen an der Börse profitieren. Hierbei können Sie je nach Broker bereits mit einem Anlagevolumen von einem Euro jeden Monat anfangen und somit Ihren Vermögensaufbau auch mit einem vermeintlich kleinen Geldbeutel in Angriff nehmen.

Das bedeutet, es gibt keine Ausrede der Art, „ich habe kein Geld zum Sparen übrig“. Sie kennen zudem bereits den Cost Average Effekt, welcher es Ihnen durch einen Sparplan möglich macht, das Risiko eines sehr hohen und konzentrierten Einkaufes Ihrer Wertpapiere zu vermeiden. Somit reduzieren Sie dieses Risiko massiv und werden langfristig von dem durchschnittlichen Kosten-Effekt profitieren können. In der heutigen Zeit ist es nicht mehr ungewöhnlich, dass auch Ihr Arbeitgeber vermögenswirksame Leistungen mittels eines Sparplanes langfristig für Sie anlegt, wodurch Sie langfristig wahrscheinlich mehr davon haben, als wenn Ihnen das Geld auf die Hand ausgezahlt wird.

Grundsätzlich können Sie einen Sparplan auch aussetzen und das jeweilige Intervall nicht einzahlen. Allerdings sollte dies wirklich nur im Ausnahmefall geschehen. Besser wäre es, eher konservativ die jeweilige Höhe Ihres Sparbetrags auszuwählen. Aber die Möglichkeit besteht, weshalb auch ein Sparplan eine gewisse Flexibilität mit sich bringt. Um einen Sparplan einrichten zu können, müssen Sie sich ein dafür freigeschaltetes Depot eröffnen. Dieses muss berechtigt sein, um das eingesetzte Geld an der Börse investieren zu dürfen.

Denn für das Investieren am Kapitalmarkt wird ein sogenanntes Verrechnungskonto benötigt. Auf diesem werden die Erlöse von Wertpapieren, Zinsen oder auch Dividenden eingezahlt. Ein Sparplan macht nicht nur für Anleger mit geringem Kapital Sinn, sondern ist auch für vermögendere Investoren von großem Vorteil und sinnvoll einzusetzen. Aber gerade Sie als Kleinleger können jedoch durch ein frühes Anfangen langfristig von dem Ihnen bekannten Zinseszinseffekt profitieren.

Nur eine kleine Erinnerung bzw. Motivationsrechnung: Bei einem monatlichen Sparbetrag von 25 € hätten Sie bei einer Rendite von 7 % jährlich nach 5 Jahren bereits 1.725 € zur Verfügung.

Mal ehrlich, 25 € monatlich sind für die meisten Menschen unter uns möglich, oder? Etwas überspitzt, aber grundsätzlich nicht unmöglich, wenn man dies nun auf einen Zeitraum von 50 Jahren rechnen würde, so wären aus einbezahlten 15.000 € insgesamt 121.959 € entstanden – aber lassen wir die Träumerei und konzentrieren uns auf die Umsetzung.

Analysen von Aktien

Wenn Sie sich allerdings auf einen selbstständigeren Stil an der Börse konzentrieren wollen und den eigenen Vermögensaufbau durch Ihre eigene finanzielle Bildung bzw. Kenntnisse aufbauen wollen, so müssen Sie sich zwangsläufig mit der Analyse von Wertpapieren bzw. Unternehmen auseinandersetzen.

Hierfür gibt es grundsätzlich völlig verschiedene Methoden, wie Sie sich an diese Analyse heranwagen können, allerdings wollen wir uns im Folgenden auf die wohl bekanntesten Analysemethoden begrenzen.

EINZELANALYSE

Bei der einzelnen Betrachtung bzw. Analyse eines an der Börse notierten Unternehmens ist es wichtig, dass Sie sich über die jeweils starke Volatilität der Kurse im Klaren sind. Gerade die Einzelwerte unterliegen häufig unterschiedlich starken Schwankungen bezüglich Ihres Wertes. Zwar geht eine hohe Risikobereitschaft auch meist mit einer hohen Volatilität einher, sie bürgt aber oft auch höhere Gewinnchancen in sich. Seien Sie sich bewusst, dass gerade Werte mit einem geringen Handelsvolumen oft mit starken Kursschwankungen verbunden sind.

Genau in diesen Aktien bzw. Wertpapieren können Sie große Gewinne mit einem geschickten Timing bezüglich Ihrer Käufe und Verkäufe machen. Grundsätzlich sollten Sie sich ausgiebig mit dem jeweiligen Unternehmen auskennen und ein wahrer Experte der Branche werden. Dafür müssen Sie sich mit den behandelten Themen gut auseinandersetzen und können mit Hilfe einer quantitativen Analyse des jeweiligen Unternehmens Ihre Handelsentscheidungen angehen.

Dabei sollten Sie wissen, welche Marktanteile und vor allem in welchen Regionen die angebotenen Produkte und Dienstleistungen einer

Firma verfügbar sind. Zudem sollten Sie sich mit dem jeweiligen Umgang mit Gewinnen beschäftigen, also Kenntnisse über die Gründe der Firma haben, weshalb Sie einen thesaurierenden oder auch ausschüttenden Stil ausgewählt haben. Vor allem auch die Entwicklung in den letzten Jahren sollten Sie genauer unter die Lupe nehmen.

Doch viel wichtiger ist die Prognose für die Zukunft, denn an der Börse wird nicht die Vergangenheit gehandelt. Wenn Sie diese quantitative Analyse vollzogen haben, so können Sie sich nun auf die qualitative Analyse konzentrieren. Diese kann sich zum Beispiel auf die Analyse des vorliegenden Konkurrenzkampfes des Unternehmens beziehen. Vergleichen Sie die Firma in ihrer Branche und leiten Sie daraus Schlussfolgerungen für zukünftige Erfolge bzw. allgemeine Aussichten ab. In diesem Kontext sollten Sie sich auch die aktuelle Unternehmensführung genauer ansehen sowie die Veränderungen in der Vergangenheit und deren Gründe hinterfragen und analysieren. Im Einzelfall könnte es auch relevant sein, herauszufinden, an welcher Börse das jeweilige Wertpapier gehandelt wird.

FUNDAMENTALE ANALYSE

Die fundamentale Analyse zählt zu den klassischen Analysemethoden. Es wird versucht, die jeweilige Aktie eines Unternehmens genauer zu analysieren, aber vor allem auch das eigentliche Unternehmen. Man versucht somit, den realen Wert einer Aktie herauszufinden, dies wird auch als der sogenannte innere Wert verstanden.

Es verbirgt sich die Grundidee dahinter, dass der jeweilige Wert eines Anteils an der Firma ansteigt, aufgrund des dahinterstehenden Erfolges des eigentlichen Unternehmens. Damit Sie den letztlich realen Wert der Aktie ausfindig machen können, müssen Sie den gesamten Wert der jeweiligen Aktiengesellschaften ermitteln und diesen im

Anschluss durch die Anzahl der insgesamt ausgegebenen Aktien teilen. Damit Sie dieses Vorhaben in die Umsetzung bringen, müssen Sie sich mit dem jeweiligen Unternehmen ausgiebig auseinandersetzen. Hierfür benötigen Sie Informationen über die Firma bzw. die Aktiengesellschaft, um Ihre Analyse beginnen zu können.

Es ist sinnvoll, sich zunächst mit den gesamtwirtschaftlichen Daten eines Unternehmens auseinanderzusetzen. Diese sogenannte Globalanalyse ist gerade zu Beginn sinnvoll, da Sie aufgrund der Ihnen bekanntwerdenden Eckdaten die Möglichkeit haben, Unternehmen direkt auszuschließen, ohne sich länger mit diesen beschäftigt zu haben. Wenn die Globalanalyse Ihren jeweiligen Ansprüchen bzw. Kriterien genügt, dann können Sie fortfahren mit der Analyse der branchenspezifischen Informationen. Nachdem auch hierfür alles in Ordnung ist, gehen Sie in mit Hilfe der Ihnen bekannten Einzelanalyse genauer auf das Unternehmen und das jeweilige Wertpapier ein.

INFORMATIONSQUELLEN

Bei der Beschaffung von Informationen ist allerdings Vorsicht geboten, denn wie Sie wissen, gibt es einige Fake News, welche sich im Internet aufhalten. Kleiner Spaß, das war nur eine kleine Spitze an einen ehemaligen Amtsinhaber. Allerdings ist da schon etwas daran, denn im Internet ist die Gefahr vergleichsweise hoch, auf falsche Informationen zu stoßen. Grundsätzlich wird es uns in der heutigen Zeit so einfach wie nie zuvor gemacht, um an bedeutsame Daten und Informationen zu kommen.

Denn durch die Digitalisierung ist es uns Privatanlegern möglich, auf verschiedene Informationsquellen zuzugreifen. Es ist bei der Suche sinnvoll, auf frühe Indikatoren der jeweiligen Konjunktur zu achten. Diese macht sich bei den einzelnen Unternehmen beispielsweise in der aktuellen Auftragssituation, der Ausreizung der verfügbaren Kapazitäten oder auch in den generellen Situationen deutlich. Die Börse handelt eben die Zukunft und das macht sich bemerkbar. Beim Vergleich der Daten, welche Sie auf Analyseplattformen oder auch aus dem Unternehmen selbst herausfinden können, ist es Ihnen möglich, dass Sie die jeweiligen Trends frühzeitig wahrnehmen können.

Gerade für Sie als Einsteiger in den Aktienmarkt könnte der Geschäftsindex der IFO bei Ihrer Analyse hilfreich sein, um herauszufinden, in welcher aktuellen Stimmungslage sich das Unternehmen befindet. Denn die vom Institut für Wirtschaftsforschung herausgegebenen Informationen können für Sie als Anleger in zweierlei Art von großem Nutzen sein. Im Falle einer positiven Prognose für das jeweilige Unternehmen, durch das Institut, können Sie eher von einer positiven Entwicklung für die Wirtschaft im Allgemeinen und letztlich auch für das Unternehmen ausgehen.

Des Weiteren werden dort verschiedene Frühindikatoren abgebildet, aus welchen Sie grundsätzlich wiederum weitere Schlüsse für die jeweilige Entwicklung des Aktienkurses ableiten können. Merken Sie sich letztlich, dass es den Anlegern durch die hiermit veröffentlichen Daten ermöglicht wird, das aktuelle Stimmungsbild an der Börse zu erfahren.

Wenn die Investorenstimmung von einem großen Optimismus für die Zukunft spricht, welche sich aufgrund der Frühindikatoren herleiten lässt, so sind zumeist positive Entwicklungen der Kurse die Folge. Dies kann sich allerdings auch in die gegensätzliche Richtung entwickeln. Wenn die Stimmung an der Börse eher schlecht ist, so werden sich die Aktienkurse zumindest in der näheren Zeit eher negativ entwickeln. Grundsätzlich sollten Sie sich aber an den individuellen Frühindikatoren eines Unternehmens orientieren. Die benötigen Informationen können Sie auf der Website Ihres Brokers, beim Emittenten des Wertpapieres oder auch schlichtweg auf der Internetseite des Unternehmens selbst in

Erfahrung bringen. Wenn die allgemeine Kapazitätsauslastung eines Unternehmens hoch ist und gleichzeitig eine Masse an Aufträgen bevorsteht, so kann es für die Firma sinnvoll sein, zu expandieren. Durch die Neuanschaffung von verschiedenen Maschinen oder auch weiteren Mitarbeitern wird die allgemeine Konjunktur der Wirtschaft weiter befeuert und das gesamte Land profitiert.

Die Veränderungen wiederum des jeweiligen Aktienkurses sind insgesamt sehr komplex und es lässt sich nicht einfach pauschalisiert sagen, dass, wenn sich die allgemeine Wirtschaft in einem Abschwung befindet, sich dann der Kurs eines Wertpapieres automatisch ins Negative entwickelt. Für die Unternehmen besteht eben eine große Schwierigkeit darin, dass Sie Ihre Mitarbeiter dauerhaft voll beschäftigen können, ihre Maschinen immer laufen zu haben, also die Auslastung stets bei 100% Prozent liegt.

Denn das Maß eines stabilen Wachstums im Verhältnis zur gesamtwirtschaftlichen Steigerung ist schwierig zu halten. Damit Unternehmen in Krisenzeiten, wie zum Beispiel in der Corona-Krise überleben bzw. das System der Finanzbranche und der Wirtschaft nicht in ein totales Chaos gerät, stellt der Staat finanzielle Hilfen zur Verfügung. Diese werden einerseits an Unternehmen direkt ausgeschüttet, um den gesamten wirtschaftlichen Schaden aufgrund ausbleibender Einnahmen zu begrenzen.

Zudem werden an Privatpersonen Sonderzahlungen ausgeschüttet, wie beispielsweise der Kindergeldbonus aus dem Jahr 2020. Auch solche Ereignisse und Faktoren können sich auf die jeweilige Bildung von Aktienkursen auswirken. Deshalb sollten Sie auch in Ihrer fundamentalen Analyse ein Auge auf größere politisch-ökonomische Ereignisse haben und möglicherweise in der Analyse der Einzelaktie prüfen, ob ein Unternehmen staatliche Förderungen und Sonderzahlungen erhält.

TECHNISCHE ANALYSE (DAYTRADING)

Um Ihnen eine andere Perspektive darzulegen, welche in der Analyse von Wertpapieren eine häufige Anwendung findet, gehen wir nun auf die technische Analyse von Aktien ein. In der heutigen Zeit wird diese sehr oft verwendet. Grundsätzlich kann diese Analyseform in jeder Anlageklasse angewandt werden und eignet sich hervorragend für die weitere Planung eigener Handelsentscheidungen.

Bei der technischen Analyse können die Frühindikatoren miteingerechnet und Prognosen zu verschiedenen Verläufen der künftigen Entwicklung eines Kurses aufgestellt werden. Häufig werden Wertpapiere bzw. deren Entwicklung in sogenannten Candle Stick Charts abgebildet. Zur besseren Interpretation wird hierzu häufig eine 200-Tages-Linie eingefügt. Dieses bildet die Wertentwicklung, orientiert am inneren Wert des Wertpapieres, ab. Diese Linie kann nun im Verhältnis zu den erwarteten Gewinnen in der Zukunft weiter gezeichnet werden. Somit besteht die Möglichkeit, eine detailliertere Prognose aufzustellen. Durch diese Visualisierung bzw. Prognostizierung können Sie als Einsteiger in den Aktienmarkt eine Vorstellung der Kursentwicklung ablesen. Das eigenständige Anwenden der technischen Analyse ist wohl eher für fortgeschrittene Investoren bzw. Experten sinnvoll. Grundsätzlich können Sie als Anleger jedoch von den Ergebnissen der Analysten profitieren. Hierzu müssen Sie sich ausführlich mit dem Vorgehen aus der technischen Analyse auseinandersetzen.

Abschließend müssen Sie stets bedenken, dass, egal, wie genau Sie ein Unternehmen analysiert haben, es immer unterschiedliche Risiken bei Ihren Anlagen gibt. Denn grundsätzlich ist eine hohe Rendite immer mit einem Risiko verbunden. Allerdings erhöht es die Chancen von Gewinnen immens und einige Faktoren, welche für Verluste sorgen können, werden durch eine ausführliche Analyse vermieden.

Risikobereitschaft

Jeder Anleger sollte sich zu Beginn seiner Aktivitäten an der Börse über seine persönliche Einstellung zum Risiko klar sein. Meist gilt, je höher das Risiko, desto größer die Chance auf einen höheren Ertrag. Doch grundsätzlich ist das Wichtigste und zugleich Schwierigste, keine Verluste zu machen. Dies bedeutet im Umkehrschluss, dass Sie zumindest nicht durch Ihren Handel ins Negative übergehen. Generell sollten Sie sich beim Handel mit Aktien keine utopischen Gewinne erhoffen. Wichtig ist es, dass Sie sich selbst und Ihre eigene Bereitschaft bezüglich des Risikos, welches Sie eingehen möchten, an der Börse kennen.

Dabei sollten Sie sich an Ihrem Wohlbefinden orientieren, denn während der eine sagt, dass er sein Geld ohne Risiko bei der Bank in Spareinlagen oder Ähnliches haben möchte, so nimmt ein anderer den totalen Verlust seines Investments bei Hochzinsanleihen oder generell dem Aktienhandel in Kauf. Nun sollen Sie eine Einteilung kennenlernen, nach welcher es Ihnen möglich sein soll, Ihr eigenes Risikoprofil zu erstellen. In die Kategorie, welche letztlich keinem Verlustrisiko unterliegt, fallen die altbekannten Spareinlagen, welche bei einer Vielzahl der Deutschen nach wie vor die beliebteste Anlageform darstellt. Hiermit sind Sparbücher, Giro-, Tagesgeld und Co. gemeint.

Dicht gefolgt darauf liegen die Kapitallebensversicherungen sowie sichere Staatsanleihen. Nun geht der Blick dorthin, wo sich bereits erste größere Risiken bezüglich Ihres Investments befinden. In dieser Kategorie ist erstmals ein sogenanntes Kursrisiko enthalten, sprich der Wert Ihrer Geldanlage orientiert sich daran, wie sich der jeweilige Kurs bewegt. Hierzu gehören beispielsweise Geldmarkt-/Rentenfonds sowie Optionsscheine, welche eine Verbriefung auf den Erhalt von Aktien inkludieren.

Die nächste Stufe des Risikos bei Anlageklassen, welche bereits ein hohes Zins- und Kursrisiko beinhalten, liegt bei Investmentfonds und Anleihen in fremde Währungen vor. Nun zu den letzten Kategorien, welche mit dem wahrscheinlich höchsten Verlustrisiko einhergehen. Die Rede ist von gehebelten Optionsscheinen, Hochzinsanleihen und auch den Aktien.

Denn bei diesen Anlageformen besteht grundsätzlich die Möglichkeit eines Totalverlustes. Wer sich selbst als einen auf Sicherheit ausgehenden Anleger beschreiben würde, sollte sich natürlich eher in den niedrigeren und vor allem konservativen Risikoklassen aufhalten. Allerdings empfiehlt es sich nicht, überhaupt nichts mit dem eigenen Geld zu machen, da Sie ansonsten unter dem Wertverlust durch die Inflation leiden werden. Es empfehlen sich langfristig angelegte und breit gestreute Investmentfonds und ETFs für Sie. Wenn Sie sich dem Risiko etwas öffnen möchten und sich durchaus Gewinne durch das eigene Anlegen erhoffen, so könnten Sie sich den sogenannten Mischfonds bis hin zu den Aufnahmen von kleineren Positionen von einzelnen Aktien ansehen. Wer sich mit dem möglichen totalen Verlust des eigenen Geldes abfinden könnte und generell einen sehr risikobewussten Anlegerstil eingehen mag, für den ist das Investieren in Einzelwerte bis hin zu Optionsscheinen die passende Anlageform, um den eigenen Vermögensaufbau anzugehen (https://www.ndac.de/aktien-lexikon/risikoklassen/).

Allerdings stellen sich zu viele Menschen den Handel an der Börse als unvorstellbar schwierig und komplex vor. Viele verbinden extreme Risiken mit der Geldanlage an den Kapitalmärkten, weshalb sie diese oftmals grundsätzlich ausschließen. Ein Blick in einen der wohl am breitesten diversifizierten ETFs, den Aktienindex des MSCI World, zeigt, dass es sich durchaus lohnen kann, den Begriff des Risikos bei Geldanlagen neu zu begutachten. Der MSCI World wurde erstmals veröffentlicht im Jahre 1969 und stellt eine relativ risikoarme Anlagemöglichkeit dar. Der ETF streut das angelegte Geld auf weit über 1.000 Unternehmen der ganzen Welt, unabhängig von Branche, Region oder sonstigem. Seit Beginn des ETFs hat dieser im Durschnitt bis zum Jahre 2014 über 7 % an jährlicher Rendite erzielen können.

Dabei sind jedoch Jahre enthalten, in welchem dieser massive Verluste verbuchen musste (2002-2003). Dabei verlor der Index 39 % seines Anlagevolumens, allerdings holte er diesen Verlust auch problemlos wieder herein. Einerseits sollte Ihnen gerade deutlich gemacht werden, dass die Geldanlagen immer einem gewissen Risiko unterliegen und es auch möglich ist, bei breit diversifizierten Finanzprodukten auf kurze Sicht große Verluste einzufahren. Wer allerdings einen sehr langen Atem mitbringt, der entgeht diesem Risiko und wird sich langfristig wohl auf Erträge freuen dürfen. Grundsätzlich sollten Sie bei Ihren Anlagen jedoch nicht ausschließlich auf die erzielten Renditen achten. Es ist von größerer Bedeutung für Ihren Erfolg, dass Sie sich wohl fühlen mit Ihren Investments, ansonsten werden Sie im Kopf nicht klar bleiben können und langfristig auf Probleme beim Handel mit Finanzprodukten stoßen.

Analyse und Management Ihres Portfolios

Die Analyse bzw. die aktive Verwaltung Ihrer Geldanlage kommt auf jeden Anleger früher oder später einmal zu. Hierbei geht es darum, die bestehenden Risiken im Depot zu verringern. Grundsätzlich haben Sie sich vor Ihrer Geldanlage Gedanken über die Gewichtung einzelner Wertpapiere gemacht, damit ist der prozentuale Anteil eines einzelnen Wertes im Depot gemeint. Mit der Zeit verändern sich diese Anteile, da sich die Kurse der unterschiedlichen Aktien in Ihrem Depot unterschiedlich entwickeln.

Nach einiger Zeit kann es nun sein, dass ein Wertpapier besonders gut gelaufen ist, allerdings dadurch einen zu großen Einzelanteil in Ihrem Portfolio darstellt. Das kommt dann dem „alles auf eine Karte setzen"-Prinzip näher und das gilt es, zu vermeiden. Diese neue Auslegung der Gewichtung Ihrer Wertpapiere in Ihrem Depot wird in der Fachsprache als sogenanntes „Rebalancing" betitelt. Hierbei lässt sich eigentlich nicht einfach so festlegen, in welchen Zeitabschnitten dies von Nöten wäre.

Dies hängt von den Entwicklungen in Ihrem Depot ab. Allerdings vergessen viele Investoren genau dies sehr häufig oder schieben es so vor sich her. Dabei kann es extrem wichtig in Bezug auf Ihre eigene Risikobereitschaft sein. Machen Sie sich also feste Termine oder legen Sie ein festes Intervall, zum Beispiel alle 6 Monate, fest. Bei dieser Analyse Ihres Portfolios sollten Sie auch überprüfen, ob die enthaltenen Werte kongruent mit Ihren eigentlich festgelten Zielen, vor der Geldanlage, übereinstimmen. Generell sollten Sie die Werte in Ihrem Depot im Blick haben und auch überprüfen, ob die jeweils enthaltenen Unternehmen sich passend zu Ihren Interessen entwickeln bzw. orientiert an Ihren

Werten handeln. Da die Analyse des Portfolios gerade viele Einsteiger an der Börse vor größere Herausforderungen stellt, haben sich bereits einige Unternehmen auf die Unterstützung bzw. Analyse von Portfolios von Anlegern spezialisiert. Dies kann gerade zu Beginn möglicherweise für den einen oder anderen von Wert sein. Allerdings kommen hierbei natürlich auch wieder Kosten auf Sie zu, welche Sie mit einem erhöhten eigenen Arbeitseinsatz verhindern könnten.

Doch was genau gilt es eigentlich, zu überprüfen? Das ist eine spannende Frage, denn grundsätzlich fällt in diese Analyse nicht nur das eigene Aktiendepot mit rein, sondern sie bezieht sich auf das gesamte Vermögensportfolio von Ihnen. Verstehen Sie dies als eine Art Ordner, in welchem alle Ihre Unterlagen bezüglich Ihrer eigenen Finanzen enthalten sind, also sämtliche Vermögenswerte und sonstige Investitionen, welche zu Ihren persönlichen Vermögenswerten zählen. Dazu zählen beispielsweise auch Investments in Ihr Eigentum, Sammlungen, aber vor allem auch Ihr Aktiendepot.

Gerade wenn Sie diese Analyse eine lange Zeit nicht mehr gemacht haben, kann schon einmal der Überblick über Ihre Anlagen verloren gehen. Stellen Sie sich Ihre Analyse des Depots mal etwas anders vor. Denken Sie an Ihren Dachboden, mit der Zeit sammeln sich dort Sachen an, welche nun wirklich nicht mehr verwendet werden. Allerdings verliert man diese aus den Augen und es fällt einem gar nicht mehr auf, was man eigentlich ansonsten mit dem Raum anfangen könnte, wenn dieser einmal aufgeräumt wäre.

Mal ehrlich, eine Art regelmäßiger Frühjahrsputz würde hierfür einiges erleichtern und Platz für neues schaffen. In Bezug auf Ihr Vermögensportfolio würde dies langfristig die Umsetzungen eigener Vorstellungen und Ziele begünstigen, wenn Sie eben dort auch einmal ausmisten würden. Es macht durchaus Sinn, zu hinterfragen, wo Sie Ihre Prioritäten in Bezug auf Ihre eignen Lebensumstände setzen möchten, oder bis wann Sie planen, dass sich eine bestimmte Aktie zu einem bestimmten Wert entwickelt haben soll. Dann gilt es, die Gründe für die jeweilige Steigerung oder auch Abschwächung eines Kurses genauer anzusehen und zu überprüfen. Sie müssen also den „Soll"-Zustand mit dem „Ist"-Zustand in Relation setzen. Wenn Sie dies regelmäßig tun, so werden Sie langfristig mit einem guten Gefühl an der Börse agieren und senken die eigenen Risiken immens.

Gleichzeitig erhöhen Sie durch eine aktive Verwaltung im Normalfall auch die Chance, dass Sie höhere Gewinne einfahren. Für das Rebalancing macht es ebenfalls Sinn, dass Sie sich zu Beginn einer Anlage die eigene Zielvorstellung detailliert aufschreiben und diese später vergleichen. Dabei spielt vor allem die Gewichtung der Anlage und in Bezug auf diese auch die mögliche Umverteilung Ihres Vermögens eine große Rolle. Das ist am Anfang möglicherweise etwas einschüchternd, allerdings werden Sie beim zweiten oder dritten Mal eine Art Routine für dieses Vorgehen entwickeln.

Das Aktiendepot

Wie Sie bereits erfahren haben, benötigen Sie ein Aktiendepot, um am Handel mit Wertpapiergeschäften teilnehmen zu dürfen. Denn Sie können nicht so einfach mit einem beliebigen Girokonto an der Börse handeln. Das jeweilige Depot muss für den Handel, also den Kauf und Verkauf legitimiert sein. Hierzu gibt es einige verschiedene Anbieter, aus welchen Sie als Aktionär auswählen können. Gerade bezüglich der Simplizität der Nutzung, den Kosten und der generellen Auswahl gibt es hierbei einige Unterschiede, welche Sie zu Beginn Ihres Vermögensaufbaus beachten sollten.

Denn mittlerweile können Sie als Kunde, orientiert an Ihren Wünschen und Bedürfnissen, einen Broker auswählen, welcher zu Ihnen passt. Der Broker ist die jeweilige Handelsplattform, also sozusagen die Instanz, welche es den Aktionären ermöglicht, an der Börse teilzuhaben. Er übernimmt normalerweise die komplette Abwicklung des Finanzgeschäftes, wofür allerdings eine Provision oder Gebühr nötig wird, dies wird als sogenannte Transaktionsgebühr betitelt. Der Begriff „Depot" hat seinen Ursprung im Französischen und kann wörtlich übersetzt als „Lager" verstanden werden.

In diesem Lager werden die erworbenen Anteile an Unternehmen, also Aktien und sonstige Wertpapiere, gelagert und sicher aufbewahrt. Die Entwicklung ging hier wieder einmal mit der Digitalisierung einher. Während früher ein Wertpapier als verbriefte Anteile an einem Unternehmen bekannt waren bzw. herausgegeben wurden, so findet dieser Handel heute ausschließlich im Internet statt. Das Depot ist gut gesichert, lässt keinen Zugriff anderer Personen zu und ist deshalb gerade für den Handel an der Börse von großem Wert. Die Übertragung der Handelsaktivitäten findet virtuell statt und der Anleger hat dann die Möglichkeit, die erworbenen Anteile zu verwalten. In der heutigen Zeit ist die Abwicklung der eigenen Finanzen im Internet zur Normalität geworden und so erging es auch der Börse. So können Sie, ähnlich, wie bei Ihrem eigenen gewohnten Bankkonto, den aktuellen Kontostand Ihres Depots einsehen. Da dieses allerdings unter größeren Schwankungen bezüglich Ihres Wertes steht, ist das Nachvollziehen von der Veränderung der eigenen Anteile von großer Bedeutung.

Der Broker, bei welchem Sie Ihr Depot halten, finanziert sich durch Transaktionskosten und die Zahlung von sonstigen Gebühren. Während sich die Broker zu Beginn der Digitalisierung noch hohe Gewinnmargen durch die Einnahmequellen erhoffen konnten, so hat sich dies stark verändert. Denn es gibt mittlerweile einige Anbieter, auf welchem der Handel an der Börse vorgenommen werden kann. Daraus ergibt sich eine große Bandbreite an Auswahlmöglichkeiten für uns als Kunden, weshalb wir uns aussuchen können, auf welchem Broker wir unser Depot haben möchten. Der Handel wird für uns immer kostengünstiger, da die Anbieter der Depots im Wettstreit sind. Deshalb führt die allgemeine Entwicklung dahin, dass es für uns Kunden sehr geringe Depotführungs- und Transaktionskostengebühren gibt. Dabei steigt die Qualität des Services und die Bereitstellung eines breiten Angebots an Wertpapieren, welche erworben werden können, steigt. Grundsätzlich sind die Kosten eines Aktiendepots allerdings ohnehin überschaubar und sehr anwenderfreundlich.

Natürlich ist den Kunden, aber auch den Anbietern die Sicherheit der Aktiendepots von großem Wert. Die technischen Möglichkeiten, die Sicherheit stets zu gewährleisten, steigen immer weiter und die Broker investieren in diesen Bereich einiges.

Zudem gibt es auch verschiedene gesetzliche Vorkehrungen, wodurch das Geld auf Ihrem Depot relativ sicher ist. Wenn Ihre depotführende Bank nun pleitegeht, dann bleiben Ihre Wertpapiere in Ihrem eigenen Besitz, unabhängig vom Broker. Denn diese verwalten Ihre Anteile nur im angebotenen Depot, sie besitzen diese nicht. Grundsätzlich sind die jeweiligen Kreditinstitute dazu verpflichtet, Ihnen bei einer Insolvenz die Wertpapiere zurückzugeben und auf ein anderes Aktiendepot zu übertragen. Wenn Sie zusätzlich bei dem jeweiligen Anbieter auch Ihr Girokonto oder sonstiges außerhalb des Depots führen, so ist Ihr Vermögen bis zu 100.000 € abgesichert.

Für die Eröffnung Ihres Depots müssen Sie aufgrund verschiedener Legitimationsprozesse mehrere Tage planen. Denn die Unterlagen für die Eröffnung müssen postalisch verschickt und durch den jeweiligen Anbieter überprüft werden. Grundsätzlich sollten Sie spätestens dann die Zeit nutzen, sich eigenes Finanzwissen anzueignen. Allerdings ist die Eröffnung eines Depots äußerst einfach und oftmals mit wenig Aufwand im Verhältnis auf das gesamte Unterfangen verbunden. Aber die Auswahl zuvor sollte Ihnen einiges an Vergleichsarbeit wert sein. Wählen Sie nicht den erstbesten Anbieter für Ihren Vermögensaufbau aus, sondern vergleichen Sie ausgiebig, denn das kann Ihnen langfristig einiges an Geld und somit auch höhere Zinsen und Renditen einsparen.

Direktbanken vs. Filialbanken

Damit Sie bei der Auswahl Ihrer Bank nicht direkt ins kalte Wasser geworfen werden, erhalten Sie nun hilfreiche Informationen über Direkt- und Filialbanken. Die meisten unter Ihnen werden sich mit Letzterem wohl etwas besser auskennen. Filialbanken gehören zu den klassischen Kredit- und Finanzinstituten.

Diese sind in der Gesellschaft tief verankert und bereits seit mehreren Jahrzenten breit vertreten. Früher gab es gefühlt an jeder Ecke eine von ihnen, sodass es für jeden schnell zugänglich war. Man ging in die Filiale hinein und hatte direkten Kontakt mit einem Mitarbeiter, welcher sich noch vor Ort um das jeweilige Anliegen kümmerte. Oft haben die Kunden hierbei sogar fest zugewiesene Kundenbetreuer. Für uns als Kunden hieß dies, dass wir uns an die jeweiligen Öffnungszeiten der Banken halten mussten, um Geld abheben zu können und auch, um einfache Überweisungen und sonstige Bankgeschäfte erledigen zu können.

Wenn man früher zudem noch sein Geld in Aktien, Anleihen oder sonstige Wertpapiere investieren wollte, so musste dies schon gut geplant und organisiert werden. Man machte ein Kundengespräch mit einem Mitarbeiter der Bank aus und vollzog das Handelsgeschäft vor Ort. Dafür erhielt man im Gegenzug eine ausführliche Beratung und auch generell eine anschließend meist zufriedenstellende Betreuung. Allerdings ließ sich die Bank diese Beratung und letztlich auch die Durchführung der jeweiligen Orders gut bezahlen und der Kunden musste meist entweder einen festen Betrag oder auch einen prozentualen Zinssatz für die Transaktionskosten und Gebühren der Banken begleichen.

Dies schmälerte die erzielten Renditen für uns Privatkunden stetig. Mit der Zeit erkannten die Banken, dass es für immer mehr Menschen Probleme darstellt, während der jeweiligen Öffnungszeiten persönlich in der Filiale zu erscheinen. So wurde es immer üblicher, dass die Aufträge der Kunden telefonisch abgewickelt wurden. Zudem stellten immer mehr Banken Automaten zur Verfügung, mit welchen es den Kunden möglich wurde, zumindest unabhängig von Öffnungszeiten oder auch generell von der Tageszeit Geld abzuheben und einzuzahlen. Denn das Bedürfnis nach einer immer größer werdenden Flexibilität stieg stetig an und letztlich waren die Banken zum Handeln gezwungen.

Denn die Anschaffung, Betreuung und generell das Gewährleisten der Sicherheit für die Automaten und weitere Modernisierungsmaßnahmen war durchaus mit hohen Kosten verbunden. Letztlich veränderte sich die Filialbanken in der Vergangenheit stark. Aufgrund von verschiedenen politischen Entscheidungen und der generellen Weiterentwicklung in Richtung der Digitalisierung veränderte sich das Geschäft der Banken massiv.

Die Banken stellten ihre Systeme um, damit die Kunden ihre Finanzgeschäfte und generellen Handelsaktivitäten im Internet erledigen können. Denn immer mehr Kunden legten nicht nur Wert darauf, unabhängig der Zeit diese Handlungen vollziehen zu können, sondern wollten immer mehr auch flexibel des Ortes handeln. In der darauffolgenden Entwicklung nahm die Bedeutung der jeweiligen Filialen vor Ort ab, denn es wurde zur Normalität, die eigenen Finanzen im Internet zu erledigen und generell vielerorts mit der eigenen Karte, anstatt mit Bargeld, seine Rechnungen zu bezahlen. Dies führte dazu, dass immer mehr Banken vor Ort geschlossen haben.

Grundsätzlich war dies einer der wichtigsten Vorteile der Filialbanken, allerdings begründet sich dies auf dem gesellschaftlichen Wandel, sodass eine Veränderung für das tägliche Geschäft die logische Konsequenz war. Dies hatte den Nachteil, dass gerade für ältere Menschen, welche noch nicht so fortschrittlich bezüglich der Digitalisierung waren, Probleme hatten, dies alleine bzw. im Internet zu vollziehen. Es entstand ein schmaler Grat zwischen dem Schließen von Filialen und gleichzeitig der Gewährleistung einer ausführlichen Betreuung gegenüber den Kunden. Aber die Banken waren gezwungen, Filialen zu schließen und sich der allgemeinen Digitalisierung zu beugen, denn die laufenden Kosten hätten die vergleichsweise sowieso sehr üppigen Kosten und somit Gebühren für die eigenen Kunden ansonsten in die Höhe getrieben.

Generell fallen bei den meisten klassischen Filialbanken relativ hohe Kontoführungs-, Transaktionsgebühren und weitere Kostenfaktoren an, denn die persönliche Betreuung und auch das Gewährleisten des „vor Ort"-Seins sind nun einmal mit hohen Kosten für die Banken verbunden. Im Rahmen der Digitalisierung fiel dies den Menschen auf und diese suchten nach kostengünstigeren Alternativen. Die Folge war ein hohes Aufkommen an neuen Ideen, wie man die eigenen Finanzgeschäfte abwickeln kann, ohne hohe Gebühren hierfür zahlen zu müssen. Die Lösung, welche sich letztlich durchgesetzt hatte, waren die sogenannten Direktbanken.

Grundsätzlich sind Direktbanken vergleichbar mit anderen klassischen Filialbanken auch Finanzinstitute. Allerdings haben diese keine eigenen Filialen, welche sie unterhalten müssen. In den allermeisten Fällen gehören sie zu großen Bankkonzernen und bieten ähnlich wie klassische Banken verschiedenen Konten, wie Girokonten oder auch Sparbücher, für ihre Kunden an. Zusätzlich ist bei vielen Direktbanken auch die Vergabe von Krediten zuzuordnen.

Allerdings ist die wohl größte Sparte die der Geldanlage und somit auch der Möglichkeit des Erstellens eines Depots. Hierbei zeichnen sie sich durch ein besonders einfaches und kundenfreundliches Vorgehen bezüglich der Eröffnung von Depots und Konten aus. Es ist eine Entwicklung in dieser Branche spürbar, denn während es zu Beginn im Rahmen der Digitalisierung nur eine recht kleine Auswahl an Direktbanken gab, so herrscht heute aufgrund der großen Vielfalt ein wahrer Konkurrenzkampf. Der große Vorteil für Sie als Kunde besteht darin, dass die Direktbanken auf die vergleichsweise hohen Kosten der Filialbanken verzichten können. Aufgrund des großen Wettstreites um die Kunden resultierten stets bessere Konditionen für die Kunden.

Das hat die Folge, dass viele Direktbanken keine Depot- oder Kontoführungsgebühren berechnen. Zudem wird auch die Geldanlage, besonders für Privat- und Kleinanleger, immer kostengünstiger und vor allem deutlich leichter in der Handhabe. Über ein sogenanntes Verrechnungskonto werden die meisten Depots zusätzlich abgesichert. Auf diese kann nur der Kunde selbst und vor allem nur von seinem eigenen Konto Geld ein- und ausbezahlen, sodass die Transaktion zwar meistens mit ein bis zwei Tagen Wartezeit gekoppelt ist, allerdings auch somit die Zeit von fremden Abhebungen und sonstigen Diebstählen gesichert werden kann. Allerdings ist auch die allgemeine Begleitung von Kunden deutlich unpersönlicher als bei den Filialbanken. Es gibt keine fest zugeteilten Mitarbeiter und auch keine Filialen, zu welchen Sie bei Problemen oder sonstigem mal eben hingehen können. Der Kontakt läuft ausschließlich telefonisch oder über Videoanrufe. Diese werden zur Sicherheit meistens aufgezeichnet. Aber bei akuten Problemen haben definitiv die Filialbanken Vorteile.

Jedoch stehen die Direktbanken im Fokus vieler Anleger, besonders der jüngeren Generationen. Diese haben ein hohes Grundvertrauen in die Direktbanken und verzichten aufgrund der niedrigeren Gebühren und allgemeinen Simplizität der Systeme. Die Menschen haben nicht mehr so ein hohes Bedürfnis an individuellen Serviceangeboten und gehen weg von den Filialbanken. Grundsätzlich sind diese zum Handeln gezwungen, denn der gesellschaftliche Wandel wird sonst stets weitere negative Auswirkungen mit sich bringen. Letztlich müssen Sie als Kunde die Entscheidung für sich treffen und selbst abwägen, was Ihnen wichtiger ist. Es lässt sich jedoch nicht ausschließen, dass die Filialbanken sich generell der Modernisierung und dem orts- und zeitunabhängigen Vollziehen der Handelsaktivitäten beugen müssen. Für Sie als Kunde gibt es im Internet viele verschiedenen Vergleichsportale und auch auf Videoplattformen verschiedene einfache Möglichkeiten, um an Informationen bezüglich der Vor- und Nachteile einzelner Banken zu kommen.

Tipps zum Vermögensaufbau

Gerade für Sie als Einsteiger im Handel mit Aktien gilt es, eine grundlegend gute Basis zu schaffen, wie Ihr Vermögensaufbau gelingen kann. Hierzu gilt es, grundsätzliche Prinzipien zu verinnerlichen, um langfristig erfolgreich an der Börse agieren zu können. Sie haben bereits ausführlich erfahren, was es mit der Diversifikation am Aktienmarkt auf sich hat. Sie wissen um die große Bedeutung der Verteilung Ihres Anlagevolumens und der hohen Risiken, wenn Sie dies nicht tun.

Gerade für Einsteiger eignen sich aus diesem Grund ETFs und Investmentfonds gut, um einen Anfang im Handel mit Aktien zu finden und gleichzeitig auch mit geringem Kapital an der Börse diversifizieren zu können. Wenn Sie sich allerdings auf einzelne Aktien konzentrieren möchten, so kennen Sie die Grundlage, um eine passende Analyse beginnen zu können. Damit Sie einmal einen groben Richtwert bekommen, so sollten Sie sich auf ca. zehn verschiedene Anlagen konzentrieren zu Beginn. Dabei ist vor allem die aktive Begleitung und Verwaltung der einzelnen Werte wichtig sowie das Ihnen bekannte Rebalancing.

Generell haben Sie bereits einige Erkenntnisse über den Aktienmarkt und den Handel auf diesem erhalten. Dies ist auch von großer Bedeutung für Ihren langfristigen Erfolg. Denn im Allgemeinen ist es wichtig, dass Sie Ihre Investments bzw. die Firmen hinter den Aktien kennen und deren Abläufe sowie Vorgehensweisen verstehen. An der Börse werden Sie sich jedoch immer mit der Zeit bewegen müssen, wer sich nicht weiterbildet und allgemein auf dem aktuellen Stand ist, der wird langfristig in Schwierigkeiten geraten.

Deshalb sollten Sie sich darüber im Klaren sein, dass Sie sich und Ihre Finanzbildung stetig weiterbilden müssen. Es handelt sich um einen lebenslangen Lernprozess, welchen Sie unabhängig von Ihrem jetzigen Wissenstand niemals als abgeschlossen betrachten sollten. Wenn wir hier schon den Begriff „lebenslang“ verwenden, so leitet dies auf Ihr Sparverhalten über. Grundsätzlich sollten Sie stets im Kopf behalten, dass es an der Börse mit einem langen Atem bzw. einer langfristig angelegten Investmentlaufzeit möglich ist, einem Verlustrisiko massiv entgegenzuwirken.

Je länger die Laufzeit Ihrer Anlage ist, desto niedriger ist das Risiko von Verlusten. Wer grundsätzlich bereit ist, sein Investment auch durch mögliche Phasen der Korrektur und eines allgemein eher negativen Marktes zu halten, der wird meistens langfristig für seinen langen Atem belohnt. Im Allgemeinen macht es für Sie als Investor Sinn, dass Sie auf Kontinuität beim Anlegen setzen. Denn durch regelmäßige Anlegeintervalle können Sie langfristig vom Cost Average Effekt profitieren.

Zudem kommt, dass Sie sich durch einen regelmäßigen Sparplan auch mit kleinen Summen langfristig ein kleines Vermögen ansammeln können. Grundsätzlich sollten Sie beim Investieren niemals mit Geld spekulieren, auf welches Sie in Notsituationen zugreifen müssten. Diesen Fehler begehen häufig Neueinsteiger an der Börse, welche sich mit ihren Sparsummen übernehmen. Viele unterschätzen die Auswirkungen des Handelns am Aktienmarkt auf die Psyche der Menschen.

Psychologie & Börse

Gerade der Handel, welcher sich rund um das eigene Vermögen dreht, stellt den Menschen und dessen Psyche häufig vor große Herausforderungen. Viele Menschen entwickeln aufgrund des in uns verankerten Sicherheitsgefühls, verschiedene Ängste beim Handel an der Börse. Grundsätzlich unterscheiden wir Menschen uns hierbei stark. Denn das Angstgefühl steht in direkter Abhängigkeit mit dem Bedürfnis nach Sicherheit und dies ist von Mensch zu Mensch unterschiedlich.

Wenn Sie merken, dass Sie stetig nach dem Wert Ihres Depots oder Ihrer Geldanlage generell nachsehen müssen, so passt Ihre Anlage nicht zu Ihren Angstgefühlen. Dann macht es Sinn, das Geld aus Ihren getätigten Investments wieder herauszunehmen bzw. zu reduzieren. Sie müssen sich und Ihre Bedürfnisse kennenlernen, um an der Börse mit einer gesunden Psyche agieren zu können. Lernen Sie Ihre persönlichen Wohlfühlgrenzen bezüglich Ihres Verlustrisikos kennen. Seien Sie sich stets bewusst, dass Sie bei Ihrem Investment letztlich nicht selbst den Verlauf der Entwicklung eines Kurses in der Hand haben.

Grundsätzlich ist das Erkennen von Stress ein wichtiger Indikator für die jeweiligen Geldanlagen. Denn es ist nicht der Fakt von Bedeutung, dass Sie unter Verlustängsten und einem mangelnden Gefühl der Sicherheit sowie unter Stress leiden, aufgrund Ihrer Geldanlagen, sondern vielmehr der Umgang mit diesen ist von Bedeutung. Hierbei kann sich Stress völlig unterschiedlich bei jedem Menschen auswirken. Während der eine nachts nicht mehr zur Ruhe findet, so hat die andere Magenbeschwerden. Stress ist subjektiv und nicht nachvollziehbar für Außenstehende. Deshalb macht es bei den eigenen Geldanlagen auch keinen Sinn, dass Sie sich an Richtwerte halten, welche Ihnen vermeintliche Experten an die Hand geben. Lernen Sie sich und Ihre eigenen Gefühle kennen und tasten Sie sich an Ihre persönlichen Grenzen heran. Wichtig ist es, dass Sie sich gut fühlen mit Ihren Investments, nur so kann der langfristige Weg zum Vermögensaufbau gelingen.

In der Welt der Finanzbranche ist für die eigene Psyche der Begriff der Tradingpsychologie ins Leben gerufen worden. Darunter fällt die Wahrnehmung und Verarbeitung von Informationen bezüglich Ihrer Finanzprodukte. Die Wissenschaft erfährt eine stets steigende Aufmerksamkeit, gerade bedingt durch die Entwicklung an der Börse, dass es immer mehr junge Anleger am Markt gibt. Diese gehen ohne große Erfahrungswerte in den Handel und stellen rasch fest, dass sie mit den Veränderungen auf ihre eigene Psyche Probleme bekommen.

In der Tradingpsychologie werden eben diese Auswirkungen und Veränderungen durch verschiedene Untersuchungsmethoden mit den bereits vorhandenen Kenntnissen der Psychologie verknüpft und ausgewertet. Daraus resultieren verschiedene Verhaltensmuster der Anleger bezüglich ihrer Entscheidungen beim Kauf und Verkauf von Wertpapieren. Doch was können Sie dem Ganzen nun abgewinnen? Grundsätzlich sollten Sie sich Gedanken zu Ihren eigenen Denkmustern im Handel machen und letztlich einerseits verstehen und in der Folge sinnvoll hinterfragen, aus welchen Gründen Sie wie gehandelt haben. Denn viele Anleger machen die Fehler, dass ihre Entscheidungen an der Börse gesteuert von ihren eigenen Emotionen sind und nicht objektiv bzw. basierend auf ihren zuvor festgelegten Grundsätzen bzw. Strategien. Es entstehen aus dem Gefühl von Angst oder „Verluste wieder gut machen“ oft irrationale Handelsentscheidungen, welche meist weitere negative Konsequenzen haben. Seien Sie sich bewusst, dass Kauf- oder Verkaufsentscheidungen, welche auf der Basis von Gier, Wut oder auch Angst resultieren, selten von langfristigem Erfolg geprägt sind.

Doch was können Sie nun tun? Die Antwort hört sich einfacher an, als sie in der Praxis ist – kontrollieren Sie Ihr eigenes Mindset im Handel.

Unterscheiden Sie sich von denen, welche an die Börse gehen, um den schnellen Weg zum Reichtum zu erreichen. Viele Einsteiger am Aktienmarkt haben die Vorstellung, dass Sie aufgrund einer extremen Risikobereitschaft schnell den Weg zu Erfolg und einem hohen Vermögen schaffen. Doch in den allermeisten Fällen ist diese Einstellung von eher kurzfristiger Dauer, denn oft ist das Geld dann weg.

Viele versuchen, Verluste wieder gut zu machen, indem sie das eingesetzte Kapital erhöhen bzw. ein noch größeres Risiko eingehen. Wenn Sie Ihr eigenes Mindset beeinflussen wollen, dann fangen Sie an, eines aufzustellen. Denn das ist wirklich schwierig und kann nur auf den eigens gemachten Erfahrungen basieren. Nachdem Sie sich eigene Regeln bezüglich Ihrer Handelsaktivitäten aufgestellt haben, kommt nun die noch viel größere Hürde des Einhaltens auf Sie zu.

Letztlich werden Sie Ihr eigenes Mindset ein Leben lang weiterentwickeln und immer wieder individuell anpassen müssen. Wer nicht nur auf der Basis von einem zufälligen Gewinn an der Börse erfolgreich sein will, der wird das eigene Mindset niemals umgehen können. Beim Handel benötigt es ein gutes Risikomanagement, um Gewinne zu machen. Sie werden immer wieder auf die Probe gestellt am Aktienmarkt. Halten Sie sich an Ihre eigenen Prinzipien, nicht an die von anderen oder Experten. Analysieren Sie Ihre vergangenen Aktivtäten und reflektieren Sie über Ihre Gründe, ein Wertpapier gekauft oder verkauft zu haben. Werten Sie die blanken Zahlen aus, ohne emotionale Einflüsse. Wenn Sie eine Kontaktperson haben, welche Sie und Ihren Handel neutral beurteilen kann, so greifen Sie auf diese Ressource zu. Tauschen Sie sich mit anderen Anlegern und deren Erfahrungen aus. Ziehen Sie eigene Schlüsse aus diesen Gesprächen und übernehmen Sie niemals blind die Entscheidungen bzw. Methoden anderer. All diese Erfahrungen und der Austausch mit anderen helfen Ihnen dabei, Ihre eigene Finanzbildung und auch das eigene Mindset weiterzubilden, und somit werden Sie Fortschritte machen.

Weitere Umsetzungs-möglichkeiten von erfahrenen Börsianern

Nun zur Praxis. Zu Beginn sollte sich jeder Anleger nicht auf die puren Erfahrungen und das Wissen von anderen verlassen. Sinnvoll ist es, ein eigenes System für Ihren persönlichen Handel zu erstellen. Dies stellt die Basis Ihrer Aktivitäten an der Börse dar und gibt Ihnen eine klare Struktur vor, welche Sie in der Praxis umzusetzen haben. Grundsätzlich sollte dabei enthalten sein, welche Ziele Sie mit Ihrem Handel verfolgen. Zudem kommt auch, welches Risiko Sie bereits sind, zu gehen.

Dies kann sich einerseits auf die ausgewählten Anlageformen beziehen, aber anderseits auch auf Ihre eingesetzten Beträge. Denn es macht schon einen Unterschied, ob man auf einen Einzelwert oder einen zusammenfassenden ETF sein Geld anlegt. Auch wird es sich anders anfühlen, wenn Sie auf das ausgewählte Wertpapier 5 % Ihres Anlagevolumens oder 25 % investieren. Des Weiteren sollten Sie sich selbst im Klaren sein, ob Sie Ihre Geldanlage sehr aktiv verwalten oder passiv im Hintergrund laufen lassen wollen.

Dabei hat beides Vor- und Nachteile. Grundsätzlich können Sie bei einem aktiv gemanagten Stil, ähnlich wie ein Fondsmanager, auf kurzfristige Veränderungen des Aktienmarktes schneller reagieren. Dies ist bei einer passiven Strategie nicht der Fall, denn dort werden diese Marktschwächen oft überhaupt nicht bemerkt. Dies wiederum kann auch zum langfristigen Vorteil für Sie werden. Denn wenn der Markt bzw. die Kurse eines Wertpapieres in einer schwachen Phase ist, Sie aber trotzdem vom grundsätzlichen Prinzip bzw. Vorgehen des Unternehmens überzeugt sind, dann kann dies für Sie eine optimale Kaufmöglichkeit darstellen. Es gibt nicht umsonst Weisheiten der Börse wie, „Kaufen Sie Aktien, nehmen Sie Schlaftabletten" (Kostolany). Denn viele Anleger verlieren Ihre klare Sichtweise an der Börse. Mit den Schwankungen der Kurse gehen stets Veränderungen der Denkweisen von Investoren einher, viele bekommen Panik. Wer den passiven Weg an der Börse wählt und beispielsweise durch ETFs sein Geld anlegt, umgeht das Rebalancing oder auch das sich wiederholenden analysieren von einem Unternehmen, der wird diesen Problemen aus dem Weg gehen können. Deshalb eignet sich eine passive Anlagestrategie gerade für Einsteiger an der Börse hervorragend, um den Weg zum eigenen Vermögensaufbau beginnen zu können.

Grundsätzlich werden Anleger, welche sich diszipliniert und sorgfältig an ihre jeweiligen Prinzipien an der Börse halten, höhere Chancen haben, um langfristig erfolgreich handeln zu können. Sie werden allerdings am eigenen Leib feststellen, auf welche Probe Sie bezüglich Ihrer Denkweisen gestellt werden, wenn es einmal nicht mehr so erfolgreich läuft. Im Fall der Fälle können Sie jedoch auf Ihren eigenen Erfahrungsschatz an Kenntnissen über sich und mit der Zeit auch über den Markt zurückgreifen. Seien Sie sich über die Risiken von kurzfristig entschiedenen und impulsgesteuerten Handelsentscheidungen bewusst.

Doch dies ist nicht tragisch, der Umgang mit diesen verzerrten Wahrnehmungen und die subjektiven und irrationalen Entscheidungen sind das, worauf es ankommt. Wichtig ist zudem, dass Sie grundsätzlich auch Ihre Handelsprinzipien regelmäßig auf den Prüfstand stellen und die Sinnhaftigkeit von Ihrem Handelsplan hinterfragen bzw. mit Ihren zuvor festgelegten Zielen abgleichen. Beim Handel sollten Sie grundsätzlich Ihre Verluste akzeptieren und nicht versuchen, diese mit einem höheren Einsatz wieder gut zu machen. Denn oft greifen Anleger dann ins fallende Messer und dann nimmt das ganze Kopfkino so richtig Fahrt auf.

Natürlich geht es glücklicherweise nicht nur darum, mit den Verlusten einen sinnvollen Umgang zu pflegen. Von großer Bedeutung ist es, dass Sie verantwortungsvoll mit Ihren Gewinnen haushalten.

Gehen Sie nach gebuchtem Profit niemals mit der Grundeinstellung heran, dass Sie jetzt den Markt verstanden haben bzw. nun die Börse verstehen können. Denn genau aus diesem Grund erhöhen viele Anleger das Risiko und verlassen Ihre eigenen Handelsprinzipien. Seien Sie sich bewusst, dass, egal, wie vielversprechend eine Investition sein mag, Sie niemals den letztlichen Verlauf prognostizieren können. Grundsätzlich bieten sich verschiedene Möglichkeiten, um Ihre Aktivitäten an der Börse kritisch zu hinterfragen.

Sehr hilfreich gestalten sich Tagebücher bzw. das Schreiben von Protokollen bezüglich einzelner Handelsentscheidungen. Notieren Sie hierbei so, dass Sie auch nach mehreren Monaten noch nachvollziehen können, warum Sie so gehandelt haben. Beziehen Sie hierbei auch Ihre erlebten Emotionen mit ein und die jeweils verbuchten Gewinne oder auch Verluste. Stets sinnvoll ist es, bei jeder Aktivität einen kurzen Begründungssatz hinzuzufügen, denn oft kann man im Nachhinein das Erlebte nicht mehr nachempfinden.

Anlegen in der Zukunft

Das Thema der Geldanlage wird langfristig in Deutschland noch größere Auswirkungen erhalten. Denn die Sorgen rund um die eigene Rente werden nicht kleiner. Generell wurde vielen Menschen in Zeiten der Corona-Pandemie bewusst, wie wichtig die eigenen Rücklagen sein können. Es ist nun einmal unumgänglich, sich mit den eigenen Finanzen zu beschäftigen und sein Geld langfristig gewinnbringend anzulegen. Die Welt wird aktuell noch durch die Pandemie bestimmt.

Während zu Beginn große Unruhe an der Börse herrschte und die Kurse einzelner Werte rasant an Wert verloren, so ist heute nach über einem Jahr der Pandemie die Welt zumindest an der Börse wieder eine andere. Es gibt klare Profiteure an der Börse und einige Unternehmen, welche ihre vorigen Allzeithochs wieder eingeholt haben. Generell steht vielen Firmen am Aktienmarkt eine vermeintlich rosige Zukunft bevor. Gerade rückte das Thema der allgemeinen Gesundheit in den Mittelpunkt und die Pharma- und Gesundheitsindustrie bzw. -branche ist im Boom. Allgemein steht uns direkt die nächste Krise bevor, der Klimawandel. Dieser steht einer weltweit steigenden Aufmerksamkeit gegenüber und die Unternehmen werden den Schritt in Richtung Nachhaltigkeit mitgehen müssen.

Dies ist auch dringend von Nöten, denn anders werden wir dieses globale Problem überhaupt nicht mehr unter Kontrolle bringen. Für die Börse heißt dies, dass die Unternehmen der erneuerbaren Energien und allgemeinen die nachhaltig arbeitenden Gesellschaften weiteren Zuwächse und somit Kurssteigerungen gegenüberstehen.

Beflügelt wird dies durch die leichtere Zugänglichkeit an der Börse und der generellen Umstrukturierung der Anlegerschaft. Denn die Börse wird jünger und moderner. Immer mehr junge Menschen möchten, orientiert an ihren persönlichen Werten, ihren Vermögensaufbau und die Vorsorge fürs Alter in die eigenen Hände nehmen. In Bezug auf den Klimawandel könnte auch die Elektromobilität eine steigende Rolle erhalten. Dies haben bereits in der näheren Vergangenheit immer mehr Unternehmen erkannt und rüsten in dieser Richtung massiv nach.

Durch die allgemeinen Fortschritte der Menschheit und auch in Bezug auf die künstliche Intelligenz ist es gut möglich, dass in diesem Bereich massive Umbrüche bevorstehen. Denn wenn man es schafft, Roboter immer weiter in die Industrie zu integrieren, um Risiken zu vermeiden und eine schnellere und effizientere Arbeit bzw. Ergebnisse zu erzielen, dann könnte die Wirtschaft davon massiv profitieren. Im Umkehrschluss bedeutet dies aber auch, dass grundsätzlich immer weitere Stellen, welche von Menschen betreut werden, abgebaut werden und sich somit auch die Berufsfelder in verschiedenen industriellen Bereichen verändern werden.

Abschluss: Ran an den Speck...

Grundsätzlich haben Sie in diesem Buch einiges über die Welt der Finanzen erfahren und haben nun eine erste Basis geschaffen. Mit diesem Wissen sollen Sie befähigt sein, um einen Zugang zur Börse zu finden. Im weiteren Sinn sollen Sie einen bewussteren Umgang mit Ihrem Geld aufgezeigt bekommen bzw. die Maschinerie rund um die Funktionsweisen der Wirtschaft und des Geldes im Allgemeinen erfahren haben.

Denn durch einen bewussten Umgang mit den eigenen Finanzen wird es Ihnen möglich sein, sich auch einmal etwas zu gönnen und nicht jeden Cent zweimal umdrehen zu müssen. Grundsätzlich hängt dies mit Ihren eigenen Zielen an der Börse zusammen. Ein Extrem wäre der sogenannte Frugalismus, welcher in der Vergangenheit eine große Aufmerksamkeit erhielt. Dabei versuchen Menschen, durch ein extrem sparsames Leben sowie einem gleichzeitigen Anlegen frühzeitig finanziell unabhängig zu werden.

Daran müssen Sie sich natürlich nicht orientieren. Wie so oft im Leben reicht ein gesundes Mittelmaß aus, um fürs Alter sinnvoll abgesichert zu sein. Es benötigt kein Extrem, allerdings wäre nichts zu tun auch langfristig falsch. An der Börse empfiehlt es sich generell, möglichst früh anzufangen, um auf lange Sicht von verschiedenen Begleiterscheinungen, wie dem Zinseszinseffekt, profitieren zu können. Generell sollten Sie sich Ihre Gedanken bezüglich der eigenen Finanzen nicht erst dann machen, wenn Sie viel Geld auf der hohen Kante haben, sondern auch mit kleinen Sparbeträgen starten. Gerade für Frauen ist die Vorsorge fürs Alter von großer Bedeutung, denn Frauen haben nach wie vor am Arbeitsmarkt unterschiedliche Nachteile, welche sich negativ auf ihre finanziellen Mittel bzw. auf ihr Vermögen auswirken. Hiermit ist nicht nur die Erziehung der Kinder gemeint, es ist die Rede vom Gender Pay Gap.

Damit ist der Abstand beim Verdienst zwischen Männern und Frauen gemeint, welcher auf eine mangelnde Gleichbehandlung in der Gesellschaft hinweist.

Die Gründe hierfür sind komplex, tief in der Gesellschaft verankert und teilweise auch nur schwierig zu verändern. Gemäß dem Deutschen statistischen Bundesamtes verdienten Frauen im Jahr 2019 im Durchschnitt 19 % weniger als Männer. Diese allgemeine Differenz soll bis zum Jahr 2030 auf 10 % reduziert werden (https://www.destatis.de/DE/Themen/Arbeit/Arbeitsmarkt/Qualitaet-Arbeit/Dimension-1/gender-pay-gap.html). Im Allgemeinen ist dies auch dringend von Nöten, da die Altersarmut besonders Frauen oft sehr hart trifft. Die Politik versucht bereits, weitgehende Maßnahmen diesbezüglich einzuleiten und hat eine gesetzliche Absicherung etabliert, welche zusichert, dass, wenn eine Person mit einer Vollzeitbeschäftigung 45 Jahre lang in die Rentenkasse eingezahlt hat, sie einen Anspruch auf eine Rente von 48 % des zu vorig durchschnittlichen Einkommens hat. Doch mal ehrlich, wer bekommt diese 45 Jahre tatsächlich umgesetzt und ist somit abgesichert?

Im Westen kommen die Frauen auf durchschnittlich nur 28 Jahre, jedoch die Männer auf 40 Jahren, in welchen sie den Einzahlungen nachgekommen sind. Im Osten sind diese Zahlen durchaus etwas positiver, dort kommen die Männer auf 44 Jahre und die Frauen auf 41 Jahre, in welchen sie die Beiträge bezahlten. Allerdings sind die einberechneten 48 % selbst im Falle lebenslanger Beitragszahlungen sehr knapp bemessen. Deshalb macht es eben Sinn, mit seinem Geld sinnvoll zu haushalten und generell eigenständig parallel vorzusorgen.

Wenn Sie beispielsweise mit 30 Jahren anfangen, jeden Monat 50 € anzulegen, zum Beispiel in den klassischen MSCI World, und mit 70 Jahren auf dieses Geld zugreifen müssen, dann haben Sie innerhalb dieser 40 Jahre bei einem durchschnittlichen Jahreszinssatz von 7 % ein

Endkapital von fast 120.000 €. Dies ist durchaus eine große Menge an Kapital, welches Ihnen im Alltag massiv unter die Arme greifen wird. Letztlich sollen Sie mit diesen Musterrechnungen ermutigt werden, denn die Zukunft ist nicht so schlecht. Sie wird sogar ziemlich rosig, auch finanziell gesehen, allerdings nur für diejenigen, welche frühzeitig die Bedeutung des Geldanlegens erkennen.

Wörterlexikon

Aktie:	Wertpapier, Anteil an Unternehmen
Anleihe:	Wertpapier mit fester Laufzeit, „Kredit für ein Unternehmen“
Blue Chips:	Standardwerte an der Börse
Börse:	Handelsplatz, an welchem Finanzprodukte ge- und verkauft werden
Cost Average Effekt:	Durchschnittlicher Kosten-Effekt, durch Sparplan/stückweise Investitionen
Courtage:	Transaktionsgebühren beim Handel
DAX:	Deutscher Aktienindex, Leitindex in Deutschland
Depot:	Ein zum Handel zugelassenes Bankkonto
Diversifikation:	Streuung des Risikos durch Aufteilung des Kapitals auf verschiedene Anlagen
Dividenden:	Ausgeschütteter Gewinn an Anleger
Emittent:	Herausgeber von Wertpapieren
Festgeld:	Feste Zinsen der Bank an Anleger, aufgrund des zur Verfügung Stellens von Kapital
Fonds:	aktiv gemanagte Geldanlage
Freistellungsauftrag:	Jährlicher steuerfreier Betrag von 801 € auf Kapitalerträge
Handelsplattform:	Marktplatz, an welchem Finanzgeschäfte vollzogen werden können

Index:	Kennzahl bzw. Abbildung (der Entwicklung) einer Branche
Investmentgesellschaft:	Firma, welche Finanzprodukte gegen Provisionen anbietet
Kurs:	Entwicklung des Wertes eines Wertpapieres
Liquidität:	flüssiges bzw. frei verfügbares Geld, Zahlungsfähigkeit
Marktkapitalisierung:	Wert eines an der Börse notierten Unternehmens
Nennwert:	Geldmenge einer Anleihe, welche Anleger am Ende der Laufzeit zurückerhalten
Order:	Auftrag von einem Kauf oder Verkauf eines Finanzproduktes
Performance:	Entwicklungsverlauf eines Finanzproduktes in der Vergangenheit
Portfolio:	Zusammenfassende Darstellung aller Vermögenswerte
Provision:	Bezahlung für die, die die Handelsaktivitäten bzw. Orders durchführen
Rendite:	Erwirtschaftete Erträge aus Anlagen bzw. Investments
Rücknahmepreis:	Preis für einen Fondsanteil, welchen die Gesellschaft zahlt für den Rückkauf
Sparbuch:	Klassische Anlageform bei der Hausbank
Spread:	Preisspanne eines Wertpapieres

Standardwert:	Blue Chips; spiegeln Wirtschaftskonjunktur eines Landes wider
Tagesgeld:	Frei verfügbares Geld, welches auf ein Konto gegen Zinsen eingezahlt wurde
Transaktionskosten:	Gebühren, welche für die Durchführung von Orders anfallen
Volatilität:	Veränderungen des Kurses eines Finanzproduktes
Wertpapier:	Verbriefte bzw. digitale Geldanlage, Bestätigung des Erhaltens von Anteilen an einem Unternehmen bzw. an einer Branche
Zertifikate:	Vergleichbar mit Anleihe; hohes Risiko, für Neulinge eher ungeeignet, da Risiko nicht überschaubar
Zinsen:	Sozusagen Provision für Anleger für die Bereitstellung von Kapital für ein Unternehmen

AKTIE	EINSTIEGSZEIT (DATUM UND UHRZEIT)	AUSSTIEGSZEIT (DATUM UND UHRZEIT)	KURSLEVEL (EINSTIEG)	KURSLEVEL (AUSSTIEG)	ANGEWENDETE STRATEGIE	KOMMENTARE

PLATZ FÜR NOTIZEN:

AKTIE	EINSTIEGSZEIT (DATUM UND UHRZEIT)	AUSSTIEGSZEIT (DATUM UND UHRZEIT)	KURSLEVEL (EINSTIEG)	KURSLEVEL (AUSSTIEG)	ANGEWENDETE STRATEGIE	KOMMENTARE

PLATZ FÜR NOTIZEN:

AKTIE	EINSTIEGSZEIT (DATUM UND UHRZEIT)	AUSSTIEGSZEIT (DATUM UND UHRZEIT)	KURSLEVEL (EINSTIEG)	KURSLEVEL (AUSSTIEG)	ANGEWENDETE STRATEGIE	KOMMENTARE

PLATZ FÜR NOTIZEN:

Wir danken Ihnen für Ihr Interesse und Ihr Vertrauen. Als Dankeschön dafür, haben wir eine besondere Überraschung. Wir haben einen **ultimativen Leitfaden für Einsteiger ins Aktien- und Börsengeschäft** für Sie. Und dieses erhalten Sie vollkommen kostenlos. Das klingt wunderbar? Dann warten Sie nicht lange und holen Sie sich Ihr Gratis-Geschenk.

Hier geht es zu Ihrem Gratis-Geschenk:

https://forms.gle/gduy3doWN5ejuaub9

1. **Öffnen Sie die Kamera-App auf Ihrem Smartphone und richten Sie die Kamera auf den QR-Code.**
2. **Klicken Sie auf den Link, der Ihnen angezeigt wird und schon werden Sie zur Website weitergeleitet.**

Impressum

Verlag: Orbita Media Verlag GmbH & Co. KG / Ericusspitze 4 / 20457 Hamburg / Deutschland
Website: https://orbita-media.de
Cover Image: Shutterstock
ISBN: 9783989358546

Haftungsausschluss:
Die Nutzung dieses Buches und die Umsetzung der enthaltenen Informationen, Anleitungen und Strategien erfolgt auf eigenes Risiko. Der Autor kann für etwaige Schäden jeglicher Art aus keinem Rechtsgrund eine Haftung übernehmen. Haftungsansprüche gegen den Autor für Schäden materieller oder ideeller Art, die durch die Nutzung oder Nichtnutzung der Informationen bzw. durch die Nutzung fehlerhafter und/oder unvollständiger Informationen verursacht wurden, sind grundsätzlich ausgeschlossen. Rechts- und Schadenersatzansprüche sind daher ausgeschlossen. Dieses Werk wurde sorgfältig erarbeitet und niedergeschrieben. Der Autor übernimmt jedoch keinerlei Gewähr für die Aktualität, Vollständigkeit und Qualität der Informationen. Druckfehler und Falschinformationen können nicht vollständig ausgeschlossen werden. Es kann keine juristische Verantwortung sowie Haftung in irgendeiner Form für fehlerhafte Angaben vom Autor übernommen werden.

Die bereitgestellten Analysen, Vorschläge, Ideen, Meinungen, Kommentare und Texte sind ausschließlich zur Information bestimmt und können ein individuelles Beratungsgespräch nicht ersetzen. Alle Informationen dieses Buches entsprechen dem Kenntnisstand zum Zeitpunkt des Verfassens dieses Buches. Eine Haftung für mittelbare und unmittelbare Folgen aus den Informationen dieses Buches ist somit ausgeschlossen. Informieren Sie sich weitläufig aus unterschiedlichen Quellen und bedenken Sie, dass am Ende nur Sie für die Entscheidungen verantwortlich sind.

Haftung für externe Links
Unser Angebot enthält Links zu externen Websites Dritter, auf deren Inhalte wir keinen Einfluss haben. Deshalb können wir für diese fremden Inhalte auch keine Gewähr übernehmen. Für die Inhalte der verlinkten Seiten ist stets der jeweilige Anbieter oder Betreiber der Seiten verantwortlich. Die verlinkten Seiten wurden zum Zeitpunkt der Verlinkung auf mögliche Rechtsverstöße überprüft. Rechtswidrige Inhalte waren zum Zeitpunkt der Verlinkung nicht erkennbar.

www.ingramcontent.com/pod-product-compliance
Lightning Source LLC
LaVergne TN
LVHW010810051026
849532LV00007B/2505
* 9 7 8 3 9 8 9 3 5 8 5 4 6 *